Wilhelm Haller

Das dunkle Feuer

Gottes zerstörende und liebende Kraft im Menschen

Mit einem Vorwort von Eugen Drewermann

Das dunkle Feuer
Gottes zerstörende und liebende Kraft im Menschen

© 1994 Wilhelm Haller

Texianer Verlag
Johannesstrasse 12, D-78609 Tuningen, Deutschland
www.texianer.com

ISBN: 978-3-949197-51-2

Überarbeitet von Stephen A. Engelking

Erstausgabe: Wuppertal: 1994 durch Publik-Forum Verlagsgesellschaft mbH Oberursel

für
die Dunklen,
die Randständigen,
die Gescheiterten,
die Verlierer,
die Versager,
die Ungenannten,
die Totgeschwiegenen
und vor allem fers Hennesli

Inhaltsverzeichnis

Vorwort..7

Eine Rechtfertigung..9

Die Menschwerdung...25

Das Werdende..55

Das Dunkle...71

Die Urkraft...87

Die Geburt..105

Die Vereinigung der Gegensätze....................117

Bibliografische Notiz Bücher von Wilhelm Haller...127

Vorwort

Ein Buch, wie auch dieses von Wilhelm Haller, wirkt durch sich selbst. Erich Maria Remarque meinte einmal, dass mit dem letzten Satz eines Buches ein Autor zu dem Thema, das er sich gewählt hat, sein letztes Wort gesprochen haben müsste - danach sollen dann die Kritiker schreiben, was sie wollen. Ich denke, das ist der beste Vorschlag, den ich auch dem Buch von Wilhelm Haller machen möchte. Man verkleinert ja doch nur die Leistung eines Autors, wenn man sie von vornherein mit einem Chormantel ausstaffiert. Aber es ist gut zu wissen, wer der Autor ist.

Wilhelm Haller engagiert sich seit Jahrzehnten gegen die soziale Kälte eines Wirtschaftssystems, das sich vor allem an dem Prinzip »Konkurrenz« und an den Zielen »Gewinn« und »Zins« orientiert. Viele Jahre lang war er Geschäftsführer einer Computerfirma, aus der er ausstieg, um »von Grund auf neue Dinge zu machen«. Seine Religiosität hat ihren »Sitz im Leben«. So gehört er zu den Initiatoren der »Lebenshäuser«, in denen in der Praxis vielerlei Formen kommunitärer Gemeinschaft gelebt werden, die der Auflösung unserer Gesellschaft entgegenwirken sollen. Die Kerngruppen dieser Lebenshäuser bestehen aus mindestens zwei Familien, um die sich eine größere Zahl von Menschen gruppiert, die nicht alleine leben wollen oder können.

Es gibt einen gewichtigen Grund dafür, warum in unseren Tagen eine Erneuerung des religiösen Bewusstseins angesagt ist: Das ist die faktische Zweideutigkeit aller religiösen Begriffe im Schatten von 2000 Jahren kirchlicher Verkündigung. Sämtliche Worte aus biblischem Erbe sind durch die Sprachregelung der kirchlichen Dogmensprache inzwischen leergeredet oder inhaltlich fehlbesetzt worden. Ein paar Beispiele genügen, um das zu zeigen: Das Sprechen von »Sünde« und »Erbsünde« ist; weitab von der ursprünglichen religiösen Problematik eines Lebens in radikaler Ausgesetztheit und Verzweiflung, zu einem Thema moralisierender Vorwürfe für den kleinbürgerlichen Alltag herabgesunken. Ein so wichtiger Begriff der christlichen »Verkündigung« wie das Wort »Gnade« hat in der Kirchensprache etwas derart Herablassendes, Gravitätisches und Herrschaftliches angenommen, dass es die Menschen eher demütigt als erhebt. Die Theologensprache hat die Sensibilität verloren, um im Reden von Gott zwischen Eigentlichkeit
und Entfremdung, zwischen Selbstfindung und Außenlenkung, zwischen Ich-Entfaltung und Neurose zu unterscheiden. Der Autor des Buches spricht nicht die Sprache der Schultheologen, ist kein Schriftgelehrter der alten Schule. Aus ihm sprechen Erfahrungen und die daraus persönlich gewonnene« Erkenntnisse, die zum vertieften Nachdenken fuhren.

Eugen Drewermann

Eine Rechtfertigung

Eigentlich hatte ich gedacht, meine Suche und mein Fragen, das Innen und das Außen betreffend, meine Auseinandersetzung mit und um Gott und Welt sei mit meinem letzten Buch[1] abgeschlossen gewesen. Weit gefehlt. Wie vor allem das Kapitel »Das Dunkle« deutlich macht, sind mir diese Fragen erneut von innen her aufgedrängt worden und haben mich gezwungen, mich mit ihnen auseinanderzusetzen. Dies ist das Ergebnis.

Allerdings habe ich mit freundlicher Zustimmung des Verlags die letzten beiden Kapitel des vorausgehenden. Buchs mit Veränderungen und Erweiterungen vornan gestellt. Sie stellen den Auftakt zu meiner inneren Auseinandersetzung dar, wobei das erste eher eine Rechtfertigung meiner Vorgehensweise ist als eine inhaltliche Aussage. Es ist vor allem ein Plädoyer dafür, die eigenen subjektiven Erfahrungen und Überzeugungen zur Sprache zu bringen, dabei aber nicht zu beanspruchen, sie seien allgemein gültig, aber eben trotzdem wert, sich ihrer zu stellen. Vor allem geht es mir darum, einsichtig zu machen, dass es um Versuche geht, die inneren und äußeren Erfahrungen - oder noch konkreter gesagt: die subjektiven Eindrücke davon - und deren Bewertung von meiner

[1] »Ohne Macht und Mandat«, Wuppertal 1991

Person her, also vom Menschen her, zu deuten. Das ist eigentlich selbstverständlich, denn natürlich kann kein Mensch vom Wesen Gottes selbst reden oder es gar beschreiben, eben so wenig wie eine Ameise umfassend über den europäischen Kontinent auszusagen vermöchte. Der Mensch kann immer nur von seinen Bildern und Erfahrungen her über Gott reden.

Dabei geht es mir zentral um die Frage, ob und wie weit wir uns dem Gesetz des Überkommenen unterordnen, also auch den kirchlichen Lehren und dem allgemeinen christlichen Selbstverständnis, ob bewusst oder unbewusst, das heißt den bestehenden »morphischen Feldern«, um einen Begriff von Rupert Sheldrake zu benutzen[2], oder wie weit wir die Freiheit beanspruchen, eigene, neue Wege zu "denken und auch zu gehen. Eigene Wege zu gehen sind natürlich tastende, stolpernde Versuche, neues Land , zu gewinnen - schmerzlich, langsam, mühselig, Verirrungen nicht ausschließend. Dasselbe gilt für deren Beschreibung. Sie bleibt ein Stammeln, das eher beunruhigt als klärt; unvollständig, stichwortartig, sprunghaft, nicht geradlinig überzeugend oder gar wissenschaftlich abgesichert. Darüber hinaus ist dies ein Bericht über die persönliche Betroffenheit durch eine innere Entwicklung, nicht einer abgeschlossenen, sondern einer sich vollziehenden, deren Ziel und Ende zu Beginn der Aufzeichnungen weder zu erkennen noch abzusehen sind. Deshalb das Bruchstückhafte und Fragmentarische, das nur für den bedeutsam zu sein vermag, der mit ähnlichen Fragen

---

2 für Einzelheiten siehe Rupert Sheldrake, Das Gedächtnis der Natur

Eine Rechtfertigung

und Erfahrungen konfrontiert wird und die innere und äußere Wirklichkeit in einer vergleichbaren Bilder- und Begriffswelt erfahrt und ausdrückt. Das ist eine wesentliche Einengung: Ich bin ein Mann des ausgehenden 20. Jahrhunderts und komme aus dem jüdisch-christlichen Kulturkreis. Von diesen Quellen ist meine Berichterstattung beeinflusst. So eingegrenzt will ich den Versuch wagen, das auszudrücken, was mich umtreibt.

Um damit zu beginnen, muss ich ziemlich weit ausholen und mit dem »alttestamentlichen« Judentum beginnen, denn auch als Christ bleibt mir die Feststellung nicht erspart, dass mich die Suche nach frischen Quellen unausweichlich über das Christentum hinaus zum Judentum führt. Gerade im Umgang mit dem eigentlichen Anliegen dieses Buches, nämlich der dunklen Seite Gottes, haben sich die jüdischen Überlieferungen im Gegensatz zu den meisten christlichen dem Problem gestellt und es nicht verdrängt oder abgespalten. Die Feststellung im Johannesevangelium: »Das Heil kommt von den Juden«[3], scheint sich einmal mehr zu bestätigen. Dass diese Aussage ausgerechnet dort steht, ist um so verwunderlicher, als das Johannesevangelium bekanntlich sonst nicht gerade vor Judenfreundlichkeit strotzt.

Eines der gängigsten Vorurteile über das Judentum liegt in der Auffassung, sein Charakter werde vor allem bestimmt durch die Forderung nach Unterwerfung unter strenge biblische Gesetze. Diese Meinung wird im Christentum gefördert durch die Vorherr-

---
[3] Johannes 4,22

schaft paulinischen Denkens. Bekanntlich hatte Paulus die Befreiung vom Gesetz durch den Glauben an Christus[4] vertreten. Er wurde deshalb in erhebliche Auseinandersetzungen mit der judenchristlichen Gemeinde in Jerusalem verwickelt. Tatsächlich wird diese paulinische Linie nicht selten zum Ausgangspunkt für eine Überzeugung, nach der die Meinungsverschiedenheiten Jesu mit den Führungsschichten des Landes aus diametralen Gegensätzen stammen, in denen Jesus für die Freiheit vom Gesetz und die anderen für die Unterwerfung unter das Gesetz stehen. Diese Überzeugung ist von den Überlieferungen her nicht haltbar. Bei aller Großzügigkeit, die Jesus bei der Einhaltung der Gesetze erkennen ließ, blieb doch seine Aussage eindeutig, nach der auch das letzte Jota des Gesetzes erfüllt sein müsse, wenn das Gottesreich auf Erden Wirklichkeit werden solle.[5]

Die konkrete historische Situation macht den Irrtum über das Judentum sehr deutlich. Während es im Christentum rasch zur Dogmatisierung bestimmter Glaubensgrundsätze gekommen ist, deren versuchte Durchsetzung oder Bekämpfung nicht selten zu Mord und Totschlag, zur Ausrottung von Minderheiten, ja sogar zu lang anhaltenden Glaubenskriegen geführt haben, setzte sich im Judentum schon sehr früh die Einsicht durch, dass es ebenso viele Interpretationen der Thora wie Juden gäbe. In den berühmt gewordenen Streitgesprächen zwischen gelehrten Juden und Christen im Mittelalter wurde gerade dies immer wieder deutlich. Die jüdische Seite zeigte

---

4 vor allem im Römerbrief
5 Matth. 5,17

Eine Rechtfertigung 13

schon damals viel mehr geistige Beweglichkeit und individuelle Freiheit in all diesen Fragen als die Gegenseite. Hier scheint mir ein wesentlicher Irrtum mancher christlicher Autoren zu liegen, die diese Offenheit und Individualität nur bei Jesus, nicht aber beim Judentum ganz allgemein zu erkennen vermögen.

Das weit verbreitete Missverständnis wird schon daran erkennbar, dass die hebräische Schrift ursprünglich keine Vokale kannte. Vokale galten als der Atem Gottes, der sich der menschlichen Festschreibung entzieht. Damit ließ schon die hebräische Schreibweise eine nahezu unbegrenzte Zahl von Interpretationsmöglichkeiten zu, nicht aber eine allgemein gültige dogmatische Festlegung. So wird eingeräumt, dass jede Interpretation letztlich subjektiv, zeitgebunden, vom Zeitgeist beeinflusst und somit veränderlich ist. Konsequenterweise gilt das auch für das jeweilige Gottesbild. Latein dagegen ist sowohl als Sprache wie auch als Schrift sehr präzise. Es ist deshalb nicht verwunderlich, dass Latein nicht nur die Sprache des christlichen Dogmas wurde, sondern auch der exakten Naturwissenschaften. Dabei macht es keinen entscheidenden Unterschied, ob der Papst und der Vatikan letztlich die entscheidende Autorität sind wie im Katholizismus oder ob die Bibel diese Rolle spielt wie zumeist in den evangelischen Kirchen.

Tatsächlich handelt es sich bei den gerade auch von den erwähnten Autoren beschriebenen Differenzen nicht um ein grundsätzliches Problem des jüdischen

Volks, seiner Religion und seiner Sprache, sondern zum einen um allgemeine, immer wieder auftretende innerjüdische rabbinische Konflikte um die Auslegung der Gesetze - zum Beispiel welche Handlungen am Sabbat zulässig seien - und zum anderen um den uralten und allen Religionsgemeinschaften innewohnenden Konflikt zwischen Priester und Prophet, Gesetz und Freiheit, zwischen Dogma und aus dem Geiste und der unmittelbaren, überwältigenden Gotteserfahrung geborenen Veränderung.

Dieser Konflikt findet sich nicht nur innerhalb des Judentums, sondern in gleicher Weise innerhalb des Christentums, aber auch in anderen Religionen und religionsähnlichen Ideologien. So wurden und werden beispielsweise im Kommunismus die Schriften und Reden von Marx und Lenin zu quasi göttlichen Offenbarungen hochstilisiert und dogmatisiert.

Immer neigen die Menschen und vor allem die Machteliten dazu, die Überlieferungen und die Aussagen außergewöhnlicher Persönlichkeiten zu allgemein verbindlichen Dogmen mit Gesetzeskraft festzuschreiben und deren Einhaltung zu erzwingen. Dabei scheint die Bereitschaft zur Unterwerfung unter charismatische Führerpersönlichkeiten und die von ihnen aufgestellten Regeln die Versuchung solcher Persönlichkeiten, sich göttliche Macht und entsprechende Weisungsrechte anzumaßen, geradezu zu fördern. Und wenn diese selbst der Versuchung nicht erliegen, wie es beispielsweise bei Jesus offensichtlich der Fall war, dann sorgen konfliktscheue und dialogfeindliche Nachfolger schon um des eigenen Nutzens und der eigenen Bequemlichkeit willen dafür, dass

Eine Rechtfertigung

die Dogmatisierung und die zumeist damit verbundene exklusive Wahrheits- und Heilsverwaltung durch sie selbst von den anderen nicht in Zweifel gezogen wird. Das ist der klassische Konservatismus, der bei den orthodoxen Juden ebenso zu finden ist wie im Vatikan, bei den Evangelikalen, den Pietisten und den Kommunisten, natürlich auch bei anderen religiösen oder allgemein weltanschaulichen Gruppierungen.

Dieser Konservatismus ist natürlich nicht grundsätzlich verwerflich. Schließlich braucht jede Gemeinschaft von der religiösen Gemeinde bis zur staatlichen Gesellschaft eine innere Ordnung, die auch das Zusammenleben der Menschen untereinander regelt. Deshalb wundert es nicht, dass Paulus nach seiner Aufhebung des jüdischen Ordnungssystems seinen Anhängern die Unterwerfung unter die staatliche Ordnung des römisches Rechtes empfahl[6]. Ordnung muss sein, aber sie darf nicht soweit erstatten, dass religiöse und zwischenmenschliche Erfahrungen aus längst vergangener Zeit und deren Interpretation durch irgendwelche Privilegierte zu Dogmen und Gesetzen auf Dauer festgeschrieben werden. Vielmehr geht es darum, die Überlieferungen in einen Dialog der Lebenden einzubeziehen und sie so zur Grundlage und Quelle der Weiterentwicklung der Ordnung, der ewigen Suche nach Gerechtigkeit und nach Wahrheit zu machen. So wird Raum geschaffen für die Richtigstellung und Verbesserung von Fehleinschätzungen und Irrtümern sowohl der

---

6 auch das wird vor allem im Römerbrief deutlich

früheren Generationen als auch der eigenen. Damit wird eingeräumt, dass die absolute, die objektive Wahrheit dem Menschen allenfalls bruchstückhaft zugänglich ist, seine subjektiven Wahrheiten auf dem Weg der Befreiung aber ständig des gemeinsamen Überdenkens, der Richtigstellung und der Verbesserung bedürfen, ohne dass dabei Staunen und Achtung vor den großen Überlieferungen zu kurz kommen. Schließlich sind diese von den Träumen und den Hoffnungen, der Sehnsucht und dem Leid vieler Generationen geradezu durchtränkt. Sie erhalten dadurch Inhalt und Bedeutung, die nicht selten die Qualität des Heiligen erreichen und deren Anliegen wir uns nicht entziehen können.

Es ist unübersehbar, dass die individuelle Interpretation von Recht und Gesetz im römischen Machtdenken mit seiner versuchten Festschreibung auf ewige Dauer sehr viel weniger Raum erhält, als dies dem jüdischen oder auch dem germanischen Empfinden entspricht. Um das zu erkennen, genügt es, die römisch-imperialistischen Rechtsordnungen vom Corpus Juris Civilis über den Code Napoléon bis in unsere Zeit und die dabei versuchte Verabsolutierung etwa des Grundgesetzes in Deutschland mit der Rechtsprechung der Rabbinen, basierend auf den verschiedenen Interpretationen der Thora, oder der angelsächsischen Denkweise mit dem Common Law zu vergleichen.

Die Einschränkung aller menschlichen Zeugnisse auf das Zeitgebundene, Bruchstückhafte und Subjektive gilt natürlich auch für dieses Buch. Dies schließt nicht aus, dass ich meine Auffassung mit allem Nach-

Eine Rechtfertigung

druck vertrete und leidenschaftlich verteidige. Ganz im Gegenteil. Aber ich bin einsichtig genug zu begreifen, dass meine Einsichten zumindest stellenweise sehr subjektiv sind und auch künftig der dialogischen Auseinandersetzung bedürfen, um brauchbare Bausteine für den Weg in die Zukunft zu liefern.

Auch wenn viele der bei diesem Prozess einzubeziehenden Erfahrungen zeitlos sind, so muss doch erkannt werden, dass dies zumeist nur für den Inhalt, nicht aber für die Form gilt. Das heißt, auch wenn wir dem Inhalt einer solchen Erfahrung zeitlos-göttliche Dimensionen zugestehen, so ist doch immer wieder zu fragen, welche Form dieser Inhalt zu finden hat, um im Hier und Jetzt erfahrbar und nachvollziehbar zu werden. Die Form muss vielleicht verändert werden, auch wenn der Inhalt derselbe bleibt. Dabei darf natürlich nicht übersehen werden, dass der Inhalt die Form beeinflusst und umgekehrt.

Die Problematik und das am weitesten verbreitete Missverständnis werden am deutlichsten erkennbar an den sogenannten Zehn Geboten. In den Überlieferungen folgt auf einen Vorspann, in dem sich Gott als Befreier und Erlöser kennzeichnet[7], in den deutschsprachigen Ausgaben der Bibel eine ganze Reihe von »Du sollst ...« und »Du sollst nicht ...« Sie werden allgemein als Auflagen des Gesetzes verstanden. Tatsächlich meint die ganze Geschichte, dass der

---

7 »ICH
bin dein Gott;
der ich dich führte aus dem Land Ägypten,
aus dem Haus der Dienstbarkeit«
(nach Martin Buber)

Mensch, wenn er sich auf den Weg der Befreiung von seinen Abhängigkeiten durch Gott begibt, von allem Tödlichen frei wird und es nicht mehr tut, weil er es nicht mehr zwanghaft tun muss. Wie schon Ernst Lange begriffen hatte, der die Zehn Gebote als die Zehn Freiheiten bezeichnete, geht es eher um zehn Befreiungen als um den Gesetzeszwang von zehn Geboten. Deshalb spricht Martin Buber auch nicht vom Gesetz, sondern von der Weisung Gottes. Das gilt gleichermaßen für den Juden wie für den Christen (und für jeden anderen). Der Schwerpunkt liegt also immer in der Suche nach Gott, wie es das Gleichnis Jesu vom Schatz im Acker und der besonders schönen Perle deutlich macht[8], und nicht in den Gesetzeszwängen, auch wenn natürlich das eine das andere voraussetzt, so wie es in diesem Gleichnis den Verzicht auf alles Überflüssige braucht, um das große Ziel zu erreichen.

Wie der Weg zu einer solchen Befreiung von Abhängigkeiten, und inneren Zwängen zu finden und zu gehen ist, dass ist eine ganz andere Frage. Das jüdische Sprichwort »In der Erinnerung liegt das Geheimnis der Erlösung« zeigt, wo der Weg für die Antwort auf diese Frage zu finden ist.

Die Suche erfordert eine Auseinandersetzung mit der kollektiven Geschichte und ihren Lehren und Überlieferungen ebenso wie auch mit ihrem individuellen Teil, dem Teil, der uns persönlich geprägt hat. Das schließt auch die Bereitschaft ein, sich auf die eigenen Gefühle, vor allem die unterdrückten, einzulassen. Auch hier geht es um ein Innen und um ein

8 Matth. 13,44 ff.

Eine Rechtfertigung

Außen, um einen Aufbruch, der auf eine Veränderung, eine Umkehr im Inneren wie im Äußeren abzielt, so wie jede Therapie für die erstrebte innere Veränderung fast immer auch eine Veränderung der Lebensweise und der Lebensumstände erfordert.

All zu lange und all zu oft wurde und wird im Christentum so getan, als finde die Sinai-Erfahrung, also die Gotteserfahrung von Sinn, Bestimmung und Erfüllung, unmittelbar an oder gar in den Fleisch- und Schmalztöpfen Ägyptens statt, also im Wohlstand und in der Versklavung als dem oft bezahlten Preis für den Wohlstand. Die Rede von der »billigen« Gnade hat viel Unheil angerichtet. Sie ist schlicht gelogen. Sinai und Ägypten schließen sich gegenseitig aus, auch wenn natürlich in dem beschriebenen Sinn die Sinai-Erfahrung ohne die Ägypten-Erfahrung nicht möglich wird, sondern sie voraussetzt.

Wer sich bewusst wird, dass er - bildlich gesprochen - in der Sklaverei Ägyptens lebt, und wer daran leidet, der wird sich aufmachen müssen, einmal, mehrmals, immer wieder. Sinai liegt draußen, vor uns, jenseits der Wüste, ist aber allemal der Mühe wert, weil der Weg, wie die Geschichte erzählt, von Gott begleitet wird. Auch wenn dieser nicht immer ein Gott der Nähe ist, sondern auch ein Gott der Feme, nicht nur ein Gott des Lichts, sondern auch der Finsternis. Meine Erfahrung, die wesentlich zu diesem Buch geführt hat, zeigt, dass unser zweites großes Versäumnis zu liegen all zu oft, dass in der Finsternis das Heil liegt, dass für den Wandlungsprozess des Samens zur Frucht - um ein Bild Jesu zu gebrauchen -

das Dunkel der Erde und seine scheinbare Vernichtung entscheidend sind. Das Heil wächst offensichtlich vor allem aus leidvolle Erfahrung mit sich selbst und mit der Umwelt.

Es geht dabei aber nicht um einen Weg der Askese und der Selbstzerfleischung, der unsere Gesichter mit Bitterkeit und Griesgram überzieht. Es geht um einen Weg der Befreiung, der den Menschen von einem vierbeinigen Kriechtier innere und äußerer Abhängigkeiten zur »herrlichen Freiheit der Kinder Gottes«[9] führen und zu einem aufrechten Menschen machen kann.[10] Diese Weg führt durch die Wüste, hinab in die Hölle, in die Höhle, in den dunklen Schoß der Mutter Erde, in dem das Weizenkorn stirbt und aus dem heraus allein es Frucht zu bringen vermag.

In seinen konkreten Auswirkungen wohl noch schrecklicher ist die immer klarer werdende Einsicht, dass das Christentum und damit das Denken und Handeln des westlichen Menschen im Kern dualistisch sind und dass hier die tiefsten Wurzeln unserer Verirrungen von den Kreuzzügen über die Hexenverbrennungen bis hin zu Auschwitz zu suchen sind. Dieser Dualismus muss schon in der Zeit des frühen Christentums die den östlichen Mittelmeerraum prägende Denkweise gewesen sein. Nicht bei Jesus selbst, der immer wieder die »Koexistenz der Gegen-

---

9 Paulus nach Römer 8,21
10 siehe auch 3. Mose/Levitikus 25,13:
   »ICH bin euer Gott,
   der ich euch aus dem Land Ägypten führte,
   aus ihrer Dienstknechte Stand,
   ich zerbrach die Stangen eures Jochs
   und ließ euch aufrecht gehn.«

sätze« betont hat, etwa bei seinen Aussagen über den Umgang mit dem Bösen. Die Feindesliebe, von der Jesus spricht, hat dieselbe Wurzel. Der Umgang mit dem äußeren »Feind« hängt wesentlich davon ab, wie mit dem inneren »Feind« umgegangen wird. Ich werde den äußeren »Feind« erst dann lieben können, wenn ich den inneren »Feind« liebevoll angenommen habe.

Bei den Evangelisten scheint das anders gewesen zu sein als bei Jesus selbst. Das zeigt schon ein Vergleich der beiden Versuchungsgeschichten von Abraham und Jesus. Bei Abraham ist es ganz eindeutig Gott selbst, der Abraham beauftragt und dazu verleiten will, seinen Sohn zu opfern, also dem allgemeinen Bewusstseinsstand entsprechend zu handeln. Bei Jesus tritt in der Versuchungsgeschichte der Satan auf und will ihn überreden, eine messianische Persönlichkeit zu werden, wie sie allgemein erwartet wird, nämlich ein erfolgversprechender Machtpolitiker und ein Zauberer. Der Satan ist zwar in der jüdischen Überlieferung - besonders klar bei Hiob - einer der Söhne Gottes. Das gängige Christentum hat ihn aber faktisch zu einem Gegengott gemacht, den es zu bekämpfen gilt, wie auch die Versuchungsgeschichte Jesu nach den Evangelien deutlich macht.

Im Gegensatz dazu steht die uralte Tradition des Judentums, das aller furchtbaren Erfahrungen zum Trotz an der monotheistischen Gottesvorstellung festhält und nicht nur die hellen, sondern auch die dunklen Erfahrungen des Menschen in ihrer Wurzel auf Gott selbst zurückfuhrt.

Die Verirrung des Christentums ist mir mit letzter Deutlichkeit erst aufgegangen durch einen Vortrag von Ilse Schütz-Buenaventura, einer Kolumbianerin, die die Wurzeln unseres geradezu selbstzerstörerischen Umgangs mit Mensch und Natur auf unsere leib- und naturfeindliche dualistische Weltanschauung zurückfuhrt.

Sie sagt: »Die moderne Zivilisation jedoch, die sich vor fünfhundert Jahren in Mitteleuropa zu entwickeln anfängt, unterscheidet sich grundlegend von der Antike und dem Mittelalter dadurch, dass sie zur Formulierung des total Unsichtbaren als neues Prinzip von Macht und Handlung gegen Natur und Mensch als Lebewesen gelangt. Sich nach dem Prinzip des modernen Subjekts als Immaterielles zu verhalten, bedeutet nicht nur die Selbstsetzung des Subjekts im offenen Gegensatz zum Lebendigen überhaupt ... Die Moderne ... macht aus der Natur ihren Feind, sie wird zum Bösen überhaupt herabgesetzt, und das Reich der Abstraktionen macht sich über das Reale erhaben.«[11]

An anderer Stelle unterstreicht sie dies und meint: »Während jeder vormoderne Dualismus eigentlich noch ein Nebeneinander von zwei meistens sichtbar dargestellten Instanzen beinhaltet, wird der moderne radikale Dualismus zur prinzipiell gegebenen Zwietracht zwischen der vergeistigten Vernunft als neuer Ebene und der materiellen Welt als Geistlosem, das umgeformt werden muss.«

---

11 "unveröffentlichtes Manuskript eines Vortrags vom 7. Februar 1994 über »Kriegsursachen und der westliche Lebensstil aus der Sicht der sogenannten Dritten Welt«

Eine Rechtfertigung

Die Folge davon könnte nach Ilse Schütz-Buenaventura »als ein ... Krieg gegen das Lebendige an uns und an unserer natürlichen und sozialen Umwelt bezeichnet werden«.

Das immaterielle Selbst wird von uns als das erstrebenswerte Gute mit Ewigkeitsanspruch verstanden und steht im ständigen Kampf gegen die eigene hinfällige Körperlichkeit. Diese stellt für uns das Dunkle dar, das als Böses unterdrückt, verdrängt und bekämpft wird. Der moderne westliche Mensch will Herr seiner selbst sein und versucht, alle Materialität zum beherrschten Objekt zu machen, die eigene ebenso wie die fremde. Schließlich meinen wir, die Materie zu beherrschen. Am Ende müssen wir aber mit Schrecken erkennen, dass wir von ihr gerade deshalb beherrscht werden. Zwar wurde scheinbar der theoretisch-dialektische Materialismus im Osten überwunden, aber der praktische Materialismus wächst und gedeiht allenthalben, im Westen ebenso wie im Osten. Er ist eine Frucht dieser Denkweise und zeigt sich gleichermaßen in unseren Wissenschaften, in unserem Umgang mit der Natur sowie in unserer Produktionsweise und unserem Konsumverhalten.

Plötzlich wurde aus meinen inneren Erfahrungen und meinen Gedanken darüber nicht nur eine subjektive, individuelle Spekulation, die letztlich nebensächlich ist, sondern eine Anfrage an unser individuelles und gesellschaftliches Denken und Handeln von höchster Brisanz. Damit will ich nicht behaupten, dass meine Folgerungen absolut richtig und allgemein gültig seien. Aber ich meine, kein verantwortlich denkender und handelnder Mensch sollte sich meiner Fragestellung entziehen.

Wilhelm Haller

Die Menschwerdung

Es braucht nicht all zu viel Empfindsamkeit, um die Welt als von geheimnisvollen Kräften erfüllt und getrieben wahrzunehmen, Erst die Verfinsterung des Geistes durch den theoretischen und praktischen Materialismus der jüngeren Geschichte hat bei vielen Menschen diese Einsicht verkümmern lassen. Sie war früher selbstverständlich. Und doch ahnt auch heute jeder Mensch ebenso wie seine Ahnen, dass mit dem, was unsere Sinne wahrnehmen und was mess- und zählbar ist, unsere Welt und alles Geschehen nicht hinreichend erklärt werden kann.. Es ist deshalb nicht verwunderlich, dass der Mensch schon seit frühester Zeit die Welt als mit Göttern, Dämonen und vielerlei Geistwesen bevölkert empfunden hat. Die Wahrnehmungen in seiner Innen- und Außenwelt ließen keine anderen Schlussfolgerungen zu. Er fühlte sich zu vielen Kräften mehr oder weniger hilflos ausgeliefert.

Aber auch der moderne Mensch, der sich von den Vorstellungen seiner Ahnen distanziert und sich darüber erhaben fühlt, befindet sich letztlich in einer ähnlichen Situation. Seine Götzen und Dämonen tragen allerdings zeitgemäße Namen und bedeuten konkret, dass sich der Betroffene dem Zeitgeist beugt und sich irgendwelchen wissenschaftlichen oder pseudowissenschaftlichen Postulaten unterwirft, von suchtartigen Begierden, etwa nach Ruhm, Karriere, Vermögen, und rauschartigen, ekstatischen Zuständen getrieben wird oder seinen Ängsten durch die Jagd nach militärischer und wirtschaftlicher oder anderen Formen der äußeren Sicherheit zu entgehen sucht. Die Abhängigkeiten sind dieselben geblieben, nur die Namen und Begriffe haben sich geändert.

Die Frage nach den Quellen dieser Triebkräfte hat die Menschen immer beschäftigt seit der Zeit, wo ihnen aus dem Dunkel des tierhaft Unbewussten allmählich das Licht des Bewusstseins aufdämmerte. Dies gilt, wie alles, was zu diesem Thema hier zu sagen sein wird, sowohl kollektiv für die Geschichte der geistigen Entwicklung der Menschheit wie auch individuell für den Weg des einzelnen Menschen.

Am Anfang dieses Wegs stand und steht der Polytheismus. Die Vielfalt der unsichtbaren, aber wahrnehmbaren Kräfte führt zwangsläufig zu dieser Vorstellung. Und es dauerte lange, bis der Mensch den Mut und die geistige Weitsicht entwickelte, die Vielfalt dieser Erscheinungen auf eine einzige Quelle zurückzuführen und zum Monotheismus, der Vorstellung von einem einzigen Gott, durchzustoßen. Für den westlichen Kulturkreis liegen die Anfänge dafür in der israelitischen Tradition. Sie sind für jedermann zugänglich in der hebräischen Bibel, dem sogenannten Alten Testament, aufgezeichnet.

Für mich gehört dieser Schritt zu den größten geistigen Leistungen der Menschheit. Er ist von einer solchen Kühnheit, dass selbst heute nur die allerwenigsten imstande sind, sie tiefgreifender und verbindlicher nachzuvollziehen, als dies durch ein

Die Menschwerdung

Lippenbekenntnis geschieht. Der Glaube an den einen Gott hat nämlich dramatische Konsequenzen in zweierlei Hinsicht:

Zum einen geht es um das erste Gebot der Bibel, das den Monotheismus durch einen Ausschließlichkeitsanspruch auf die Spitze treibt. Im zweiten Buch Mose (Exodus) heißt es im zweiten Vers: »Ich bin der Herr, dein Gott! Ich habe dich aus der Sklaverei in Ägypten befreit. Neben mir gibt es für dich keine anderen Götter.« Der zunächst geradezu anmaßend erscheinende Ausschließlichkeitsanspruch wird abgeleitet und in positivem Sinn begründet durch eine befreiende Gotteserfahrung. Diese Vorstellung scheint auch Jesus geprägt zu haben, wie aus seinen Gleichnissen vom Schatz im Acker und von der besonders kostbaren Perle zu schließen ist, für die der Entdecker alles aufgibt. Ken Wilber ist gleichen Sinnes, wenn er sich mit unseren »Götzen« beschäftigt und darüber schreibt: »Die Menschheit wird diese Art mörderischer Aggression, von Krieg, Unterdrückung und Verdrängung, Anhaften und Ausbeutung, nie, ich wiederhole, nie aufgeben, ehe sie nicht zur Transzendenz erwacht.«[12]

Nach diesen Zeugnissen vermag letztlich nur die Gotteserfahrung, das Erwachen zur Transzendenz von der Versklavung durch Götzen und Abhängigkeiten zu befreien.

Das andere, um das es bei dem Monotheismus geht, ist von geradezu bestürzender Natur. Es ist so schockierend, dass es in den Kirchen zumeist totge-

---

12 Ken Wilber, Halbzeit der Evolution

schwiegen wird, obwohl es sich auch in der griechischen Bibel, dem sogenannten Neuen Testament, und zwar vor allem im letzten Buch der Offenbarung, in erschreckender Deutlichkeit manifestiert. Wenn der eine Gott, wie unser Glauben lehrt, aus seiner Allmacht heraus alles erschaffen hat und wenn, wie Jesus sagt, kein Spatz zur Erde fällt, ohne dass Gott es zulässt, dann ist er natürlich auch für seine Schöpfung verantwortlich, wie für das Schöne so auch für das Schreckliche, wie für das Gute so auch für das Böse. Wenn wir Gott zum Gott der Liebe erklären und ihn von der Verantwortung ausnehmen für das, was wir das Böse nennen, so ist dies für das gängige oberflächliche Kirchenchristentum nur möglich, wenn es in dualistischer Denkweise einem gleichrangigen Gegenspieler Gottes als dem Herrn der Finsternis Raum in seiner Vorstellungswelt gibt. Dabei ist die Gleichrangigkeit entscheidend. Sobald wir Gott eine Überlegenheit über seinen Gegenspieler zugestehen, binden wir ihn wieder in die Verantwortung für das Wirken seines Gegenspielers ein, jedenfalls solange wir Gott für allmächtig halten. Er könnte ihn ja lahmlegen oder wie einen Hofhund an die Kette nehmen. Aus diesem Dilemma scheint es keinen Ausweg zu geben.

Der Monotheismus kann einen allmächtigen Gott aus der Verantwortung für alles Geschehen in der ganzen Schöpfung nicht entlassen. Abstriche davon führen zu einem Dualismus mit einem Gott des Lichts und einem Gott der Finsternis, einem Manichäismus, der - eingestandenermaßen oder nicht -

Die Menschwerdung

das alltägliche Christentum bis zum heutigen Tag entscheidend prägt.

Diese Alternative kann und muss differenziert werden, um, meinem Verständnis nach, den Überlieferungen der hebräischen Bibel gerecht zu werden. Dabei werden wir an der Verantwortung Gottes festhalten für all das, was in und an der Schöpfung und allen Geschöpfen, den Menschen eingeschlossen, geschieht. Aller Schmerz und alles Leid, das sich ohne Zutun und Verschulden des Menschen vollzieht, bleibt in Gottes Verantwortung und kann mit einem gütigen, liebenden Gott nur vereinbart werden, wenn eingeräumt wird, dass der Rahmen der menschlichen Einsicht begrenzt ist und die daraus abgeleiteten Maßstäbe nicht so allgemein gültig sind, um auch in solchen Grundsatzfragen urteilsfähig zu sein.

Im Einfluss- und Wirkungsbereich des Menschen hat dieser die Freiheit, verantwortlich zu handeln und sich für Gut oder Böse zu entscheiden. Diese Freiheit ist es, die den Menschen vom Tier unterscheidet, allerdings nur den Menschen, der nicht länger unbewusst hierhin oder dahin getrieben wird, sondern sich seiner selbst bewusst geworden und zu dieser Freiheit herangereift ist.

In der Geschichte des Lebens auf unserer Erde ist erkennbar, dass die Evolution einhergeht zunächst mit einer wachsenden physischen Beweglichkeit, die schließlich beim Menschen auch zu einer geistigen Beweglichkeit, nämlich der Freiheit schlechthin, führt. Dadurch werden allerdings die Gesetze der Natur und der Wille Gottes als Ordnungs- und Gestaltungsprinzip nicht aufgehoben. Und doch setzt die wachsende Freiheit des Menschen die komplementär wachsende Ohnmacht Gottes voraus. Die in der Bibel und in den christlichen Liedern oft genannte Allmacht Gottes erweist sich also in unserer Sichtweise als eine Polarität aus Allmacht und Ohnmacht, die zwar bei Verirrungen des Menschen zu Leid und Schaden führt, aber Verirrungen zulässt.

Der Schlüsselbegriff heißt dabei »zulässt«. Er taucht auch bei Jesus in dem bekannten Bild vom Spatz auf, der nicht vom Himmel fällt, wenn Gott es nicht zulässt. Deshalb irrt Helmut Gollwitzer, wenn er sagt: »So ist er (Jesus) doch den Weg des Kreuzes gegangen, keinen Augenblick meinend, dass dies ihm nur von der bösen Welt, von den Juden, von seinen Hassern angetan wird, sondern in dem steten Wissen, sie alle können nichts tun, wenn Gott mir's nicht antäte ...«[13] »Antäte« anstelle von »zuließe« ist eine dramatische Veränderung. Der Mensch tut es an, Gott lässt es zu. Der Mensch ist mehr als nur Werkzeug Gottes. Er ist mindestens Handlanger mit der (vielleicht eingeschränkten) Freiheit des eigenen Willens.

Die Konsequenzen der Denkweise Gollwitzers gehen nicht nur von einem höchst problematischen Gottesbild aus. Sie wären für die Bewertung der Geschichte geradezu grauenhaft. Wenn Gott nämlich nicht nur Jesus die Kreuzigung »angetan« hätte, dann hätte er auch den Juden und all den anderen Opfern des Nazismus den Holocaust »angetan«.

Kehren wir aber zurück zu dem ursprünglichen jüdischen Gottesbild, dem Monotheismus, der den

---

13 zitiert nach Helga Sorge, Wer lieben will muss leiden

Die Menschwerdung

Glauben an den einen Gott aller schrecklichen Konsequenzen zum Trotz nicht aufgibt. Dieser Glaube hat die hebräische Bibel geprägt, und die Konsequenzen werden auch deutlich genug ausgedrückt.
Bei Jesaja im 45. Kapitel spricht Gott:
ICH bins und keiner sonst:
der das Licht bildet
und die Finsternis schafft,
der den Frieden macht und das Übel schafft,
ICH bins, der all dies macht.
Jeremia bringt dieselbe Botschaft, wenn er zu Baruch sagt[14]:

---

14 Jer. 45,3 ff.

> *Du sprachst: Weh mir, oh,*
> *denn Gram fügt ER mir zum Schmerz,*
> *ich seufze mich müde*
> *und Ruhe finde ich nicht!*
> *So - sprich das zu ihm,*
> *so hat ER gesprochen:*
> *Wohlan,*
> *was ich baute,*
> *muss ich schleifen,*
> *was ich pflanzte,*
> *muss ich reuten,*
> *und es gilt die Erde all,*
> *und du,*
> *du wolltest dir Großes begehren?*
> *Begehrs nimmermehr!*
> *Ja, wohlan,*
> *Böses lasse ich kommen*
> *über alles Fleisch,*
> *ist SEIN Erlaufen ...*

In gleichem Sinn fragt Amos schonungslos[15]:

> *Oder geschieht in der Stadt ein Unheil*
> *und ER ists nicht, ders getan hat?*

Die alten Israeliten haben sich nicht davor gedrückt, die Wirklichkeit ihrer monotheistischen Gotteserfahrung in aufrichtige Worte zu fassen. Und sogar bei Luther fängt das Gebot des Menschen gegenüber Gott noch an mit den Worten: »Du sollst Gott fürchten und lieben...« In vergleichbarer Weise beinhalten viele der alten Karfreitagslieder zumindest indirekt einen Glauben an einen furchtbaren Gott. Im Gegensatz zur gängigen Vorstellung vom »lieben Gott«

---

15 Amos 3,6

Die Menschwerdung

bringen sie nämlich in der weit verbreiteten Tradition der Opfermythologie zum Ausdruck, dass er nur »durch den Opfertod und das Blut seines eigenen Sohnes zu besänftigen ist«.

Die Auseinandersetzung mit der Doppelgesichtigkeit Gottes, seiner Barmherzigkeit und seiner Furchtbarkeit, erreicht in der hebräischen Bibel ihren Höhepunkt im Buch Hiob:

Nach der Vorstellung Hiobs, seiner Frömmigkeit und seines Wohlstands wechselt die Szene zur himmlischen Ratsversammlung, zu der die »Gottessöhne« erscheinen, unter ihnen auch Satan. Hier ist also der Satan (noch) nicht der gleichrangige Gegenspieler Gottes, sondern ein Gottessohn, also hierarchisch Gott untergeordnet und, wie die Geschichte zeigt, auch Gottes Weisung unterworfen. Jedenfalls hält er sich strikt an die Einschränkungen, die Gott ihm auferlegt.

In der himmlischen Ratsversammlung entwickelt sich nun ein Dialog zwischen Gott und Satan. Die Verlautbarungen Gottes gegenüber Satan und später auch gegenüber Hiob erschrecken uns. Sie werfen ein so übles Licht auf das Wesen und den Charakter Gottes, dass man sich wundern muss, wie so ein Buch Aufnahme in die Heiligen Schriften der Juden und Christen finden konnte.

Zunächst brüstet sich Gott mit der Treue Hiobs und gibt ihn dann ohne zu zögern in die Gewalt Satans. Der zerstört nicht nur sein Hab und Gut, sondern bringt auch seine Kinder um. Hiob wankt nicht. Darauf eskaliert Satan seinen Angriff mit ausdrücklicher

Zustimmung Gottes und überzieht Hiobs Körper mit eitrigen Geschwüren. Hiob wankt nicht. Doch nach langen Streitgesprächen mit seinen Freunden erklärt er: »Seht ihr nicht ein, dass Gott mir Unrecht tut... Sein ganzer Zorn ist gegen mich entbrannt, er setzt mir zu, als wäre ich sein Feind.« Aber er gibt die Hoffnung nicht auf: »Doch nein, ich weiß, dass Gott, mein Anwalt, lebt! ... Jetzt möchte ich ihn sehn mit meinen Augen, ihn selber will ich sehen, keinen Fremden! Mein Herz vergeht in mir vor lauter Sehnsucht!« Schließlich antwortet Gott Hiob nach Sprache und Inhalt wie ein Halbstarker, worauf Hiob aufgibt und sich der rohen Gewalt und Übermacht unterwirft: »Ich bin zu wenig, Herr! Was soll ich sagen? Ich lege meine Hand auf meinen Mund! Ich habe mehr geredet als ich sollte, noch einmal tu ich es bestimmt nicht mehr!« Darauf legt Gott noch einmal los: »... Willst du im Ernst mein Recht in Frage stellen, mich schuldig sehn, damit du recht behältst?«

Die Erfahrung Hiobs hat den Menschen in eine existentielle geistige Krise geführt, die zunächst unlösbar erscheint. Das gilt nicht nur für die Vergangenheit oder nur für das Judentum. Das gilt auch heute und für jeden Menschen. In dieser Geschichte erscheint nämlich Gott als fühlloses Monster, das seine Geschöpfe unbedacht der Willkür seines missratenen Sohnes (deutlicher gesagt: seiner eigenen dunklen Seite) ausliefert. Und Hiob erfahrt schmerzvoll am eigenen Leibe die Brutalität Gottes, gibt aber die Hoffnung auf eine andere, hellere, freundlichere Seite Gottes nicht auf.

Die Menschwerdung

Wir könnten diese Geschichte als ein Dokument einer primitiven Gottesvorstellung abtun, die heute bedeutungslos geworden ist, wenn sich nicht nahezu jedermann irgendwann im Verlaufe seines Lebens in der Lage Hiobs befände und kein Verständnis für das Schicksal aufbrächte, das ihn überfallen hat. In einer solchen Situation wird die uralte Geschichte lebendig, brandaktuell. Dann muss standgehalten und Antwort gegeben weiden. Diese zeitlose Aktualität ist sicher der Grund, weshalb die Geschichte ihren Platz in der Bibel gefunden hat und bis heute lebendig geblieben ist.

Der Weg vom Polytheismus zum Monotheismus ist eben nicht nur der Weg der geistigen Entwicklungsgeschichte der Menschheit, sondern auch der Erkenntnisweg jedes einzelnen Menschen, und irgendwann erreicht der kollektive wie der individuelle Weg den Punkt der Begegnung mit der dunklen Seite Gottes, ein Punkt, der für den einzelnen spätestens dann unausweichlich wird, wenn diese Begegnung als physisches und psychisches Leiden im ureigenen Schicksal erfahren wird.

In dieser Situation hilft weder der gängige Polytheismus mit seinen Götzen Erfolg, Karriere und Wohlstand oder wie sie sonst heißen mögen noch der Dualismus eines oberflächlichen Christentums mit seiner Aufteilung der Götterwelt in einen Herrn des Lichts (gespiegelt im immateriellen, geistigen Selbst) und einen Herrn der Finsternis (gespiegelt im materiellen Leib und der übrigen Natur). Aber auch die Überzeugung derer, die in der Finsternis nur die Abwesenheit von Licht sehen, verblasst angesichts der brutalen Wirklichkeit. Eben so wenig hilft uns die Flucht in einen mehr oder weniger aufgeklärten Atheismus weiter.

In der existentiellen Krise tritt der Polytheismus vergeblich die Flucht ins Vordergründige und Oberflächliche an. Der Christ des Dualismus versucht die Wirklichkeit zu spalten und das Böse und Dunkle nach außen zu verlagern oder auf dem Weg der Selbstzerstörung im eigenen Innern und auch im Äußeren zu vernichten. Er verfällt dabei dem Sündenbocksyndrom und sucht irgendeinen Schuldigen, auf den er seine Bitterkeit abladen kann, ohne dadurch von ihr befreit zu werden. Die Weigerung, das Dunkle ab eigene innere Wirklichkeit wahrzunehmen, führt in ähnlicher Weise in die Irre. Diese Weltanschauung, die traditionell unter den Christen und heutzutage erstaunlicherweise auch unter den Anhängern der New-Age-Bewegung weit verbreitet ist, erliegt der dualistischen Verlockung, das Dunkle als das Böse und Destruktive zu betrachten, den Blick von diesen Mächten der Finsternis abzuwenden in der naiven Erwartung, sie dadurch aus der Welt zu schaffen. Aber natürlich ist das eine Illusion. Selbst Jesus blieb es nicht erspart, sich vor Beginn seines öffentlichen Wirkens mit ihnen auseinanderzusetzen; ja er tritt den biblischen Berichten zufolge sogar in einen aktiven Dialog mit dem Teufel ein.

Man mag vom Dämonischen halten, was man will, aber schon die empirische Psychologie weist die Existenz »autonomer seelischer Inhalte« nach, wie Carl Gustav Jung es vorsichtig formuliert. Dabei ist klar, dass diese »autonomen seelischen Inhalte« sowohl positiver, konstruktiver wie auch negativer, destruktiver Natur sein können, wobei eine solche Aufteilung allerdings, wie wir alle wissen, oberflächlich und vielfach fragwürdig ist. Die Verweigerung der Wahrnehmung dunkler psychischer oder spiritueller Wirklichkeiten führt nur zu ihrer Verdrängung und verursacht eine einseitige Wahrnehmung und wohl auch Erfahrung als zerstörerische Kräfte. Für diesen Prozess liefert der Evangelist Johannes ein deutliches Beispiel. Wenn wir das Johannes-Evangelium und die Offenbarung auch unter dem Vorbehalt miteinander vergleichen, dass sie nach der Theorie eines jüdischen Forschers wahrscheinlich nur teilweise vom Material einer einzigen Quelle stammen (Diese Auffassung wird zwar von den meisten Fachleuten bestritten; ich stütze mich aber auf die Forschungen des jüdischen Historikers Schonfield, der zu diesem Schluss kommt), so wird doch eine erschreckende Zwiespältigkeit deutlich. Das Evangelium und die Briefe Verkünden eine Botschaft der liebe und die Offenbarung vor allem eine blutrünstige Botschaft der Vernichtung. Es scheint, als sei der Hauptquelle dieser Überlieferungen die Botschaft der Liebe schließlich doch zuviel oder zumindest zu einseitig geworden, so dass möglicherweise die dunkle Seite Wesens zum Einfallstor für Bilder und Gesichte von ungeheurer Destruktivität wurde. Jedenfalls ist bemerkenswert, dass somit derselbe Mensch zum Träger der wesentlichen Elemente beider Botschaften wurde.

Sicher ist, dass die Verdrängung der dunklen Mächte und deren Reduzierung auf relativ leicht korrigierbare Ergebnisse menschlicher Verirrungen der Wirklichkeit nicht gerecht wird und deshalb kein Heilsweg ist. Es gilt der Tatsache standzuhalten, die Carl Gustav Jung in seinen Lebenserinnerungen so formuliert hat:

»Jetzt ist die christliche Welt wirklich mit dem Prinzip des Bösen konfrontiert, nämlich mit offener Ungerechtigkeit, Tyrannis, Lüge, Sklaverei und Gewissenszwang... Das Böse ist bestimmende Wirklichkeit geworden. Es kann nicht mehr durch. Umbenennung aus der Welt geschaffen werden. Wir müssen lernen, damit umzugehen, denn es will mitleben. Wie das ohne die größten Schaden möglich sein sollte, ist vorderhand nicht abzusehen.«

Das ist die Situation, in der wir stehen. Sie hat für uns Deutsche im sogenannten Dritten Reich einen entsetzlichen, bis heute nicht aufgearbeiteten Höhepunkt erreicht, wie der Rüstungswahnsinn, die Arbeitslosigkeit, die Umweltzerstörung, die Ausplünderung und Ausbeutung der Rohstoffländer und der in der Diskriminierung der Fremden sich manifestierende Rassismus deutlich erkennen lassen.

Wie wenig wir uns seither tiefgreifend verändert haben, beweist neben den zumeist gewalttätigen Ausbrüchen unseres braunen Erbes der öffentlich nur am Rande wahrgenommene Skandal vom Jahresende 1987, wo Vertreter des Judentums auf Verlautbarungen eines deutschen Militärstrategen hinweisen mussten, in denen sich dieser über die Wirtschaftlichkeit von Vernichtungsstrategien ausgelassen und da-

Die Menschwerdung

bei die verschiedenen Methoden der Massenvernichtung in den Konzentrationslagern miteinander verglichen hatte. Aus dem Verteidigungsministerium kam zwar, einer Pressenotiz zufolge, eine Entschuldigung. Von disziplinarischen Maßnahmen gegen den Autor war aber nicht die Rede.

Dies zeigt, wie sehr wir Meister der Verdrängung sind. Dabei gälte es, die dunklen Wirklichkeiten in uns wahrzunehmen, ernst zu nehmen, bewusst zu machen. Solange wir den Mut nicht dazu haben, werden wir dumpf, unbewusst, zwanghaft von ihnen beherrscht und hierhin und dorthin getrieben. Erst die Wahrnehmung (auch im tieferen Sinn des Wortes) schafft die Voraussetzung für die Auseinandersetzung mit ihnen (im eigentlichen Wortsinn) und für die Bewusstwerdung, wie dies am Beispiel der Versuchung Jesu deutlich wird.

Die Ausgangslage wird in Martin Bubers Übersetzung von 1. Mose 4,7 besonders deutlich:

Vorm Einlass Sünde, ein Lagerer.
Du aber walte ihm ob.

Nicht integriert, manifestiert sich Sünde, das Abgesonderte (»Sünde« und »absondern« haben denselben Wortstamm!), das Abgespaltene als ein hartnäckiger Lagerer, also ein Wesen, das uns immer wieder zu unterwerfen droht. Aber wie bringen wir es fertig, ihm »obzuwalten«?

Ganz offensichtlich müssen wir uns bewusst mit ihm einlassen, auseinandersetzen, ihn wahrnehmen und als Persönlichkeitsanteil integrieren. Wenn wir das versäumen, etwa weil wir »obsiegen«, unterdrücken und unterwerfen wollen, wird er sich auf andere Weise Einlass verschaffen und uns »obwalten«, als »autonomer seelischer Inhalt«. Diese Autonomie lässt sich nur vermeiden oder überwinden durch Integration.

Wo bleibt der liebe Gott in der Geschichte der Menschheit, wenn doch, wie uns Jesus lehrt, nicht einmal ein Spatz zur Erde fällt, wenn Gott es nicht zulässt?

Die Antwort auf diese Frage ist für uns von existentieller Bedeutung, denn eine Vorstellung, bei der Gott ein Gott der Liebe und/oder ein fühlloses Monster ist, wäre für den Menschen unerträglich. Gerade in dieser Problematik scheint die Wurzel für den Atheismus vieler Menschen zu liegen.

In der Hölle des Konzentrationslagers fand der Jude Elie Wiesel eine Antwort, die einem Christen zwar seltsam vertraut klingt, aber doch für viele wie ein Sakrileg wirken könnte. Elie Wiesel beschreibt eine Szene im Lager Birkenau:

»Als wir eines Tages von der Arbeit zurückkamen, sahen wir auf dem Appellplatz drei Galgen. Antreten. Ringsum die SS mit drohenden Maschinenpistolen, die übliche Zeremonie. Drei gefesselte Todeskandidaten, darunter ein Kind mit feingeschnittenen Gesichtszügen, der Engel mit den traurigen Augen.

Diesmal weigerte sich der Lagerkapo, als Henker zu dienen. Drei SS-Männer traten an seine Stelle.

Die drei Verurteilten stiegen zusammen auf ihre Stühle. Drei Hälse wurden zu gleicher Zeit in die Schlinge eingeführt. ›Es lebe die Freiheit‹ riefen die beiden Erwachsenen. Das Kind schwieg.

Die Menschwerdung

›Wo ist Gott, wo ist er?‹ fragte jemand hinter mir. Auf ein Zeichen des Lagerchefs kippten die Stühle um. Absolutes Schweigen herrschte im Lager. Am Horizont ging die Sonne unter.

›Mützen ab!‹ brüllte der Lagerchef. Seine Stimme klang heiser. Wir weinten.

›Mützen auf!‹

Dann begann der Vorbeimarsch. Die beiden Erwachsenen lebten nicht mehr ... Aber der dritte Strick hing nicht reglos: der leichte Knabe lebte noch.

Mehr als eine halbe Stunde hing er so und kämpfte vor unseren Augen zwischen Leben und Sterben seinen Todeskampf. Und wir mussten ihm ins Gesicht sehen. Er lebte noch, als ich an ihm vorbei schritt. Seine Zunge war noch rot, seine Augen noch nicht erloschen.

Hinter mir hörte ich denselben Mann fragen: ›Wo ist Gott?‹

Und ich hörte eine Stimme in mir antworten: ›Wo er ist? Dort - dort hängt er, am Galgen ...‹«[16]

Die Menschwerdung Gottes, die Einwohnung Gottes im Menschen ist Elie Wiesels Antwort auf die unerträglich gewordene Frage nach dem »Wo ist Gott?«

Allerdings geht Elie Wiesel in dieser Geschichte nur den halben Weg. Er nimmt die Einwohnung Gottes im Opfer, im leidenden und geschundenen Menschen, wahr und findet damit doch noch ein tröstliches Gottesbild. Die schreckliche Frage nach der Einwohnung Gottes im Mörder, nach der Rolle Got-

---

16 Elie Wiesel, Die Nacht, Gütersloh 1980

tes bei den Taten der Nazischergen vermag er nicht zu stellen. Auf diese Frage, die letztlich das zentrale Thema des Buchs Hiob ist, geht Carl Gustav Jung in seinem Alterswerk »Antwort auf Hiob« ausführlich und - ich möchte sagen - schonungslos ein.

Zunächst kommentiert er die Rolle Gottes in diesem Drama und stellt fest, dass das Verhalten Gottes, vom menschlichen Standpunkt aus betrachtet und interpretiert, schlichtweg empörend ist. Er beschreibt, wie die zwiespältige Haltung Gottes, die schon in älteren Schriften der Bibel sichtbar wird, in ihrer ganzen Furchtbarkeit aufgedeckt wird. Der Gott, der vom Menschheit strikt moralisches Verhalten erwartet, wie dies beispielsweise die zehn Gebote deutlich machen, ist selbst zutiefst amoralisch, jedenfalls in der Art und Weise, wie er sich dem Menschen offenbart und wie dieser seinen Wirken erfährt und wahrnimmt.

Mit der Gottesvorstellung, wie sie im Buch Hiob zutage tritt, erreichen die Beziehungen zwischen dem Menschen und seinem Gott innerhalb des Judentums einen absoluten Tiefpunkt, weil dieser Gott nichts Tröstendes und liebenswertes mehr an sich hat, auch wenn er anschließend Wiedergutmachung leistet. Der Mensch ist im kosmischen Drama sich selbst überlassen, und nur die Hoffnung »Ich weiß, dass mein Anwalt, mein Erlöser lebt« bleibt als Licht in der Finsternis, wie schon die verschiedenen Vertonungen dieser Aussage in der Kirchenmusik in bewegender Weise deutlich machen.

Es braucht einen gewaltigen Schritt in der Entwicklung der Gottesbeziehung oder der Art und Weise,

Die Menschwerdung

wie der Mensch diese Beziehung erfährt und interpretiert. Dieser Schritt vollzieht sich mit der Vorstellung von der Menschwerdung Gottes, für uns Christen in Jesus. Carl Gustav Jung schreibt: »Hier wird die Antwort auf Hiob gegeben ... Jahwes Absicht[17], Mensch zu werden, die sich aus dem Zusammenstoß mit Hiob ergeben hat, erfüllt sich im Leben und Leiden Christi.«

Jesus lehrt den väterlichen Gott der Liebe. Wie Karl Herbst deutlich macht[18], geht dieses Gottesbild offensichtlich nicht auf etwas Angelerntes, sondern auf die unmittelbare, persönliche Gotteserfahrung während der Taufe im Jordan zurück, wo Jesus urplötzlich Gott als einen Liebenden (»Du bist mein geliebter Sohn«) erfährt.

Die Frage nach den Wurzeln des Bösen und der Verantwortung dafür ist damit allerdings nicht beantwortet. Trotzdem ist die Lehre Jesu von dem väterlichen, liebenden Gott angesichts der Hiobgeschichte und auch der Hioberfahrung ein Ereignis von ungeheurer Bedeutung, wie auch die Weltgeschichte lehrt. Sie beginnt sogar eine neue Zeitrechnung, auch wenn neue Zeit für die Menschheit noch nicht anbricht, wie es Franz Alt ausgedrückt hat[19], sondern nun zur konkreteren Möglichkeit wird, so wie die künftige Eiche als Möglichkeit in der Eichel vorhanden ist.

---

17 Carl Gustav Jung spricht dabei natürlich von seiner eigenen Vorstellung von Jahwes Absicht.
18 Karl Herbst, Der wirkliche Jesus, Olten 1988
19 Franz Alt, Jesus, der erste neue Mann, München 1989

Mit der Menschwerdung Gottes in Jesus hat für die christliche Wahrnehmung der Prozess der wechselseitigen Versöhnung und Annäherung zwar einen entscheidenden Höhepunkt erfahren; sie ist aber noch lange nicht abgeschlossen. Er beginnt eigentlich erst richtig, weil mit dem Bild von der Ausgießung des Heiligen Geistes »über alles Fleisch« die fortschreitende Inkarnation Gottes im Menschen schlechthin signalisiert und vollzogen wild. Diese Aussage mag manchem guten Christen schwer verdaulich erscheinen, doch hat beispielsweise Angelus Silesius, um nur einen Kronzeugen zu nennen, schon im 17. Jahrhundert festgestellt: »Wär Christus tausendmal in Bethlehem geboren und nicht in dir, so wärst du doch verloren.« Noch deutlicher und allgemeinverständlicher wird er, wenn er sagt: »Der Himmel ist in dir. Halt an, wo läufst du hin, der Himmel ist in dir. Suchst du Gott anderswo, du fehlst nur für und für.« Allerdings ist um der Klarheit willen hinzuzufügen, dass diese Aussage auch für die Hölle gilt, nicht nur für den Himmel.

Im Christentum wird die Menschwerdung Gottes als ein historischer Prozess, als eine Etappe in der Evolution des Lebens auf dieser Erde festgemacht. Dieser evolutionäre Abschnitt nimmt für den Christen seinen Ausgangspunkt in der Person Jesu. Jedenfalls ist diese Aussage möglich und zulässig vom Standpunkt der menschlichen Wahrnehmung und Erfahrung, die ja im Bezugsrahmen von Zeit und Raum verankert ist.

Aber auch im Judentum wird die Antwort auf Hiob gefunden, wenn auch nicht in einer einzelnen Person

Die Menschwerdung

wie im Christentum begründet. Die Vorstellung von der Schechina, der in der Schöpfung einwohnenden Göttlichkeit, ist in ihrem Kern nicht weit vom christlichen Bild entfernt. In einem Bittgebet der Chassidim heißt es von ihr:

Sie gleicht der Palme.
Sie die erschlagen wird deinethalb.
Und wie Schafe an der Schlachtbank erachtet.
Ausgestreut zwischen sie die sie kränken.
An dir hangend und haftend.
Mit deinem Joch beladen.
Die Einzige, dich zu einen.
In das Exil gebunden.
An der Wange gerauft.
Den Schlagenden hingegeben.
Dein Leid erleidend.[20]

Martin Buber läßt sie sagen: »Mein Gesicht ist das der Kreatur.«

Friedrich Weinreb schreibt: »Gott spricht: Lass mich den Menschen begleiten. Ich werde, wenn er sich in der Entwicklung verstricken wird und sich darin zu verlieren droht, mit leiden, und dadurch werde ich ihn zurückführen. So begleitet denn die Schechina, die andere Seite, den Menschen und mit ihm die Welt und die ganze Schöpfung ... In der Zweiheit, welche ja zum Wesen der Schöpfung gehört und schon im Himmel beginnt, ist es die mütterliche Seite, die das Mitgehen auf sich nimmt.«[21]

---

20 nach Buber »Zwischen Zeit und Ewigkeit (Gog und Magog)«
21 aus Friedrich Weinreb, Die Rolle Esther

An anderer Stelle schreibt Weinreb zur Hioberfahrung:
»Aber mir wurde am Ende auch klar, dass all das Böse dem geschieht, der das Leben selbst zerteilt, und dann den Teil, den er mit seinen Sinnen übersehen kann, zum ganzen Leben proklamiert. Vor dem anderen Teil ängstigt er sich nur, denn er entzieht sich seiner nach Sinneswahrnehmung rechnenden Vernunft. Und was mit den Maßstäben dieser Sicht nicht erklärt werden kann, nennt er sinnlos oder sogar böse. Ich aber glaube, der Satan macht, indem er sich dem behaglich abrollenden Schicksal entgegenstemmt, nur auf die Anwesenheit der anderen Seite aufmerksam.«

Die Ahnung, ja die Wahrnehmung der hellen Seite Gottes hat Hiob auch in den dunkelsten Stunden nie verlassen, spricht er doch zweimal etwas aus, was angesichts der Wirklichkeit wie Hohn oder doch wie eine Illusion klingt, für die in der tatsächlichen Situation kein Raum mehr zu sein scheint. Der eine Satz, der dies deutlich macht, ist die Aussage: »Ich weiß, dass mein Erlöser lebt«, und der andere, sich daran anschließende: »Jetzt möchte ich ihn sehn mit meinen Augen ... Mein Herz vergeht in mir vor lauter Sehnsucht.« Hier wird ein einzigartiger Zwiespalt erkennbar. Aus seinem innersten Empfinden heraus dämmert Hiob eine andere Gotteserfahrung als das Gottesbild, das ihm die Wahrnehmung der äußeren Wirklichkeit vermittelt. Sein Fühlen löst sich von seinem Denken.

Durch die Menschwerdung Gottes erweitert sich für das menschliche Verständnis seine Rolle. Er bleibt nicht nur Täter oder Tatverantwortlicher wie bei

Die Menschwerdung

Hiob, er wird auch Opfer wie bei Elie Wiesel, und der Mensch kann aufatmen. Das Geheimnis der inneren Erfahrung lässt sich so nur als Teilnahme und Teilhabe Gottes am Leid interpretieren, so dass schließlich die innere Erfahrung im Widerspruch zu stehen scheint zur äußeren Wirklichkeit, weil Gott als Opfer uns trägt, während Gott als Täter uns zu quälen scheint.

Wie aber Jesus sagen konnte: »Seid also ihr vollkommen, wie euer himmlischer Vater vollkommen ist« (Matth. 5), während er gleichzeitig aus schwieriger eigener Erfahrung heraus im Vaterunser bittet: »Führe uns nicht in Versuchung«' bleibt vorderhand ein Rätsel, völlig unabhängig davon, wie der Begriff »vollkommen« interpretiert wird.

Worin besteht die für den Menschen erstrebenswerte Vollkommenheit Gottes, nachdem doch die Gegensätzlichkeit in unserem Gottesbild nicht aufgehoben werden kann? Es scheint, als würde sie nun zum Problem und zur Möglichkeit für beide, für Gott und Mensch. Carl Gustav Jung schreibt dazu:

»Aller Gegensatz ist Gottes[22], darum muss sich der Mensch damit belasten, und indem er es tut, hat Gott mit seiner Gegensätzlichkeit von ihm Besitz ergriffen, das heißt sich inkarniert. Der Mensch wird erfüllt vom göttlichen Konflikt. Wir verbinden mit Recht die Idee des Leidens mit einem Zustand, in welchem Gegensätze schmerzlich aufeinanderprallen, und wir

---

[22] wiederum muss deutlich gemacht werden, dass Carl Gustav Jung damit seine eigene Gottesvorstellung beschreibt und sein Gottesbild von der inneren Erfahrung des westlichen (christlichen) Menschen her entwickelt.

scheuen uns, eine solche Erfahrung als Erlöstheit zu bezeichnen. Wieso dies ... Erlösung bedeuten soll, ist schwer einzusehen, wenn nicht gerade das Bewusstwerden des Gegensatzes, so schmerzlich diese Erkenntnis im Moment auch sein mag, die unmittelbare Empfindung der Erlöstheit mit sich führt. Es ist einerseits die Erlösung aus dem qualvollen Zustand dumpfer und hilfloser Unbewusstheit, andererseits das Innewerden der göttlichen Gegensätzlichkeit, dessen der Mensch teilhaftig werden kann, sofern er sich der Verwundung ... nicht entzieht. Eben gerade im äußersten und bedrohlichsten Konflikt erfährt der Christ die Erlösung, sofern er nicht daran zerbricht, sondern die Last, ein Gezeichneter zu sein, auf sich nimmt. So und einzig auf diese Weise verwirklicht sich in ihm ... die Menschwerdung Gottes ... Im Prinzip scheint es nämlich nicht der Absicht Gottes zu entsprechen, den Menschen mit dem Konflikt und somit dem Bösen zu verschonen.«

Im Gegenteil, so möchte ich sagen. Denn vom Standpunkt des Menschen aus betrachtet ist es weder zulässig, Gott von der Verantwortung für seine Schöpfung, noch seine Kinder, nämlich uns Menschen, von ihren. Gräueltaten freizusprechen mit einem Hinweis auf einen Gott, der es versäumt, uns Kreaturen, die häufig genug tollwütigen Hunden gleichen, an die Kette zu nehmen. Es klingt paradox, aber es scheint wirklich so zu sein: Gott ist verantwortlich für das, was mit uns geschieht, und wir sind verantwortlich für das, was durch uns geschieht. Aber wie Gott und Mensch untrennbar verbunden sind, so ist auch die Verantwortlichkeit nicht zu trennen.

Die Menschwerdung Gottes bezieht sich demnach nicht nur auf seine helle Seite, die für uns Christen in Jesus repräsentiert wird. Auch die dunkle Seite Gottes, für viele im Teufel manifest, wählt den Menschen als Heimstatt, und es ist für den Menschen entscheidend wichtig, sich dieser Tatsache bewusst zu werden. Hier liegt ein großes Geheimnis, das wohl in einem Menschenleben nicht völlig auszuloten ist. Und doch müssen wir uns angesichts der massiven Bedrohung von Mensch und Natur in unserer Zeit der Frage stellen. Vielleicht hilft uns eine Rückkopplung an unsere Anfangsgedanken weiter.

Wenn wir den Gedanken der Einwohnung Gottes in seiner Schöpfung ernst nehmen, so bedeutet dies, dass der Prozess der Schöpfung nicht mit unseren Verfahren zur Herstellung von Gütern vergleichbar ist, deren Gestalt und Eigenschaften zwar von unserem Geist geprägt sind, die letztlich aber in ihrer Existenz völlig von uns losgelöst werden. Nicht so bei Gott und seinen Geschöpfen, also beim Leben selbst. Es scheint, als habe sich Gott beim Schöpfungsprozess in seine Schöpfung verströmt, natürlich ohne darin völlig aufzugehen (das wäre Pantheismus mit einer Beschränkung der göttlichen Existenz auf seine Schöpfung), aber doch so weit, dass der alte Satz Gültigkeit gewinnt: "Gott schläft im Stein, atmet in der Pflanze, träumt im Tier und erwacht im Menschen". Das bedeutet aber auch, dass die Einwohnung, dieses Verströmen Gottes in seiner Schöpfung sich eher nach einem dienenden als einem herrschenden Prinzip vollzieht, ein Prinzip, das der aufsteigenden Evolution durch Machtverzicht wachsende Freiräume schafft.

Die christliche Vorstellung von einem allmächtigen Gott stimmt also nicht. Sie ist jedenfalls nicht vollständig. Um der menschlichen Freiräume willen verzichtet Gott auf seine Allmacht.

Der Weg der Evolution ist ein Weg wachsenden Wahrnehmungsvermögens um den Preis wachsender Schmerzempfindlichkeit bei gleichzeitig wachsendem Bewusstsein und wachsenden Freiräumen. Eine Schnecke kann mit der Schönheit der Welt und einer Bachkantate wohl nicht viel Anfängen. Sie leidet aber wohl auch nicht, wenn ihre Eltern sterben. Allerdings bringt sie auch nicht Millionen ihrer Artgenossen in Konzentrationslagern und Kriegen um.

Der Mensch ist ausersehen, die Höhen und Tiefen irdischen Glücks und irdischen Leids auszukosten um den Preis derartiger Polaritäten. Sein Gewissen und die damit verbundene Schmerzempfindlichkeit werden dabei zum Wegweiser für die individuelle und kollektive geistige Evolution, den Heilsweg.

Die Vereinigung, die Aussöhnung der Gegensätze (nicht aber deren Aufhebung) im Menschen wird aber nicht nur zum Ziel der menschlichen Entwicklung, sondern führt auch zur Vereinigung der Gegensätze in Gott und in unserem Gottesbild oder, wie die jüdischen Chassidim zu sagen pflegten, zur »Vereinigung Gottes mit seiner Schechina«, des Oberen mit dem Unteren, des Weiblichen mit dem Männlichen, des Hellen mit dem Dunklen, des »Hervorbringen-

Die Menschwerdung   51

den« mit dem »Hervorgebrachten«, wie Franz Werfel es ohne Bewertung zu nennen vermochte. So wie Jesus, christlicher Überzeugung nach, ein Werk zur Versöhnung Gottes und der Menschen geleistet hat, so kann und muss jeder Einsichtige und vom Geist Gottes Getriebene seinen Beitrag zu demselben Versöhnungs- und Erlösungswerk leisten, indem er bewusst »sein Kreuz auf sich nimmt«, das Dunkle integriert, indem er es wahrnimmt, es ernst nimmt. Vermutlich liegt in dieser Verantwortung die eigentliche Bedeutung und Würde des Menschen.

Ganz offensichtlich schreitet die Evolution, wie schon erwähnt, auf dem Weg wachsenden Bewusstseins und Wahrnehmungsvermögens um den Preis wachsender Schmerzempfindlichkeit voran. Auf der Stufe des Menschen scheint jedenfalls der evolutionäre Weg ein Weg der Leidenserfahrung zu sein, auf dem höheres Bewusstsein mit größerer Schmerzempfindlichkeit bezahlt wird. Gandhi schreibt: »Leid ist das Gesetz des Menschengeschlechts.« Wir werden zunehmend fähiger, Leid, aber auch Freude in ihrer ganzen Tiefe zu erfahren. So vollzieht sich die eigentliche Menschwerdung an uns und in uns.

Die Energie, aus der der Vortrieb auf diesem Weg gespeist wird, scheint aus der Spannung zwischen den Gegensätzen zu stammen, denen wir unterworfen sind, Gegensätze innerhalb der Persönlichkeit selbst und Gegensätze in den Beziehungen mit der Umwelt.

In diese Gegensätze ist der Mensch hineingestellt. Dies gilt es wahrzunehmen, anzunehmen, auszuhalten und fruchtbar werden zu lassen. Dass sich diese Gegensätze häufig genug als Leid manifestieren, darin liegt die Tragik und wohl auch die Größe des Menschen.

Versuchung droht in mehrfacher Hinsicht. Wir laufen Gefahr, aus Feigheit und Schmerzscheu die Gegensätze zu verdrängen, abzuspalten und Sündenböcken anzulasten oder gar ihre Wahrnehmung zu verweigern. Verfallen wir dieser Versuchung, auf welchem Weg auch immer, dann verselbständigt sich der dunkle Gegensatzpol und führt uns ins Verderben.

Die Integration unserer dunklen Seiten - individuell wie kollektiv - hat aber nicht nur existentielle psycho- und sozialhygienische Bedeutung. Vom beschränkten menschlichen Standpunkt aus betrachtet, dient sie auch dem Heil Gottes, hilft sie doch, die Gespaltenheit Gottes oder unseres Gottesbildes zu überwinden, indem sie einen Beitrag zur Vereinigung Gottes nicht nur, wie die Chassidim sagen, mit seiner Schechina, sondern, noch konkreter, auch mit seiner dunklen Seite leistet.

Das Beispiel Jesu mag stellvertretend stehen für viele. Mit seinem Gebot, das Böse durch das Gute zu befreien, sieht Jesus das Böse nicht als etwas, was dem Guten diametral entgegensteht, sondern eher als eine Vorstufe, als etwas Werdendes, das den Samen zum Guten in sich trägt. Das Böse ist also für Jesus nichts unveränderlich Statisches, das es zu bekämpfen und zu vernichten oder doch einzusperren und zu unterdrücken gilt, wie es dem dualistischen Weltbild mit seinem Sündenbocksyndrom entspricht. Vielmehr ist

Die Menschwerdung

es etwas Lebendiges, dem die Wandlungsfähigkeit als Möglichkeit innewohnt, ohne dass dadurch die grundsätzliche Polarität aufgehoben würde. Die jüdischen Chassidim sprechen vom sogenannten »bösen Trieb« und vergleichen ihn mit dem Feuer, das Licht und Wärme auszuströmen vermag. Aber das alles ist zunächst nur graue Theorie. Es ist zu fragen, was Hiob veranlasst haben mag, zu behaupten, er wisse, dass sein »Erlöser lebt« und weshalb sein Herz vor lauter Sehnsucht nach Gott vergeht, wenn er gleichzeitig so schreckliche Erfahrungen macht. Es ist dieselbe Frage, die sich mir stellte in den Begegnungen mit einem jungen Bekannten, der unheilbar an Krebs erkrankt war und in wenigen Monaten den Weg vom ahnungslosen jungen Menschen bis zum Tod durchschritt. Zunächst war er ganz Auflehnung und Widerstand und machte, klar erkennbar, die von Kübler-Ross beschriebenen Stufen der Entwicklung in der letzten Lebensphase durch. Eine erschütternde und bewegende Erfahrung war jedoch die letzte Begegnung wenige Tage vor seinem Tod, als er mit leuchtenden Augen bekannte, Frieden gefunden zu haben und keinen Trost mehr zu brauchen. Also ein Hiob, der erfahren hatte, dass »sein Erlöser lebt«, ein Mensch, der hinter all der vordergründigen, aber zunächst doch übermächtigen Sinnlosigkeit seines Schmerzes, seines Leids und seines Elends einen tieferen Sinn, den anderen Gott, erfahren hat. Allerdings nicht auf der Ebene der denkenden Rationalität, weil auf der die Sinnlosigkeit nicht zu durchdringen ist, sondern auf einer dahinter oder darunter liegenden Ebene, auf der alles Argumentieren aufhört und einer inneren Erfahrung Platz macht, die das Leid nicht aufhebt, aber es verwandelt.

In einer solchen Grenzsituation gelten keine leeren Sprüche mehr. Das ist die Stunde der Wahrheit, in der die Spreu der Theorien und religiösen Dogmen von dem Weizen der inneren Erfahrung getrennt wird. Hier wird erkennbar, was wesentlich ist im Leben und was Randerscheinungen sind. Wenn wir also den goldenen Weizen des Bleibenden, Unvergänglichen suchen, dann ist er wohl am ehesten in solchen Grenzsituationen zu finden.

Das Werdende

In Exodus, dem zweiten Buch Mose, wird darüber berichtet, wie das Volk Israel während der Abwesenheit Moses auf dem Sinai das Goldene Kalb baute und anbetete und wie anschließend die von Gott angekündigte Strafe - nämlich die Ausrottung des ganzen Volkes - durch den Einspruch Moses abgewendet wurde. Es heißt dort am Schluss: »Da sah der Herr davon ab, seine Drohung wahr zu machen, und vernichtete sein Volk nicht.«

Wir können diese Geschichte wie auch andere mit ähnlicher Bedeutung als Dokument einer primitiven Gottesvorstellung abtun. Diese Auffassung ist zwar nicht von der Hand zu weisen. Sie reicht aber nicht aus, das hier beschriebene Geheimnis Gottes, dessen Handeln vom Menschen beeinflusst werden kann, aufzulösen. Vermutlich birgt die Gottesvorstellung der hebräischen Bibel mehr als nur einen Hauch der Wahrheit Gottes, wenn sie ihn mit solchen Geschichten für unser menschlich-irdisches Wahrnehmungsvermögen als einen Werdenden beschreibt.

Bonhoeffer schreibt:

Menschen gehen zu Gott in seiner Not,
finden ihn arm,
geschmäht,
ohne Obdach und Brot,
sehn ihn verschlungen von Sünde,
Schwachheit und Tod.
Christen stehen bei Gott in Seinen Leiden.[23]

Gott scheint aber nicht nur der Leidende zu sein, den Bonhoeffer hier beschreibt. Seine Teilnahme an dem Geschick seiner Geschöpfe geht vermutlich noch weiter.

Es hat tatsächlich den Anschein, als habe sich Gott im Schöpfungsprozess nicht nur fortschreitend inkarniert, sondern auf diesem Weg auch in seiner Allmacht fortschreitend eingeschränkt, und zwar so weitgehend, dass es schließlich vom Menschen abhängt, welche Wesenszüge Gottes auf der Erde Wirklichkeit werden.

Der Schöpfungsweg ist ganz offensichtlich ein Weg wachsender Freiheit für die Geschöpfe. Er beginnt beim Mineral mit einer fast völligen mechanischen Erstarrung, erreicht bei der Pflanze die Fähigkeit, sich zu bewegen, auch wenn sie im wesentlichen an ihren Standort gebunden bleibt. Beim Tier wird die Standortgebundenheit weitgehend überwunden, doch bleiben Verhalten und Handlungsweise vom Instinkt eingeengt und von den Trieben gesteuert. Der Mensch erst vermag aus der Dumpfheit des unbewussten Trieblebens herauszutreten in die Freiheit des Bewusstseins und der bewussten Handlungsweise.

23 Bonhoeffer, Widerstand und Ergebung, München 1951

Das Werdende

Natürlich reicht diese Freiheit nur so weit, wie Gott den Menschen aus seiner Allmacht und Kontrolle entlässt. Die Vorstellung von einem allmächtig wirkenden Gott lässt sich mit dem Bild von der Freiheit des Menschen nicht vereinbaren. Und da, wie die Bibel immer wieder deutlich macht, Gott ein befreiender Gott ist und die menschliche Freiheit zentrales Anliegen ist, so heißt dies, dass Gottes wirkende Kraft eine dienende und nicht eine herrschende ist. Sie ist also nicht mehr als ein Angebot, das die Annahme oder Ablehnung und auch die Art ihrer Nutzung offen lässt, und sei es auch nur in einer mehr oder weniger großen Bandbreite der menschlichen Freiheit. Es mag zwar sein, dass die göttlichen Ziele auf dieser Erde unausweichlich verwirklicht werden. Das Wie und Wann scheint aber weitgehend offen zu sein, weil sich diese Ziele als Drängen und als Sehnsucht manifestieren und nicht - mechanisch-technisch gesprochen - als kraftschlüssige Verbindung, die keinen Spielraum und somit keine Wahlfreiheit lässt.

Der Mensch ist demnach ein autonomes, souveränes, mündiges Wesen, dessen Aufgabe es ist, allein und mit Hilfe seiner Mitmenschen seinen Weg im Guten und im Bösen zu gehen. Er handelt selbstverantwortlich. Gott gibt ihm die Kraft dafür. Er erfüllt seine Bestimmung und wird zu einem ganzen Menschen allerdings nur dann, wenn die Sehnsucht Gottes zu seiner eigenen wird.

Aber damit ist die Größe, Würde und Bedeutung des Menschen noch nicht völlig erfasst. Der Gottesvorstellung der hebräischen Bibel zufolge gehen Aufgabe und Verantwortung des Menschen noch weiter. Wenn es, wie unsere Geschichte zeigt, des Einspruchs des Menschen bedarf, um Gott zu hindern, »seine Drohung wahr zu machen«, dann hat der Mensch nicht nur uneingeschränkt Verantwortung für sein eigenes Verhalten und seine Taten, also auch für Auschwitz. Er ist darüber hinaus verantwortlich für die Verwandlung des einwohnenden Gottes, nämlich dafür, dass die Manifestation Gottes auf dieser Erde, so weit dies ein Mensch in der ihm auferlegten raumzeitlichen Beschränkung zu beschreiben vermag, sich vom primitiv Mörderisch-Rächenden entwickelt hin zu dem Verhalten, wie es Jesus etwa der sogenannten Bergpredigt zufolge beschrieben hat. Der Mensch hat demnach mit Hilfe der ihm angebotenen göttlichen Kräfte einen Erlösungsweg zu gehen für sich selbst, für die Menschheit, für die ganze Schöpfung - und für den einwohnenden Gott selbst. Er ist also eigenständiges Werkzeug für die Befreiung des einwohnenden Gottes aus dem selbst auferlegten Gefängnis einer niedrigen Entwicklungsstufe.

Wie auch die Versuchungsgeschichte Jesu zeigt, braucht und will der dunkle, der »primitive« einwohnende Gott den inneren Widerstand, die innere Auseinandersetzung. Ein wesentliches Element dieses »primitiven« Gottes wird in der Lebensgeschichte von Jesus als der Teufel beschrieben. Aber der Teufel ist in der hebräischen Bibel nicht ein gleichrangiger Gegengott wie im alltäglichen Christentum, sondern einer der Söhne Gottes, wie dies bei Hiob besonders deutlich wird. Demnach ist der Teufel ein bestimmter

Teil, eine bestimmte Seite des einen Gottes. Tatsächlich macht ihn erst der gängige Dualismus zum christlichen Teufel, das heißt, wenn er abgespalten wird und wenn wir versuchen, seine Existenz zu verdrängen. In Wirklichkeit entspricht er der dunklen Seite Gottes und harrt der Erlösung auf dem Weg der Befreiung durch den Menschen. Jesus lehrt, das Böse durch das Gute zu befreien. Das geschieht, wenn durch den Menschen als Verbindungsglied der Dualismus zur Polarität wird.

Carl Gustav Jung nennt das, was davon in der menschlichen Psyche erkennbar wird, den Schatten und spricht von der Notwendigkeit seiner Integration im Sinne dieser Erlösung. Damit meint er zwar (nur) den Aspekt, der das Heil des betreffenden Menschen angeht, aber insgesamt gesehen ist es derselbe Prozess.

Wir erfahren also nicht nur den hellen Gott, der uns vor allem in der Stille begegnet, eine Erfahrung, die Johannes vom Kreuz, einer der großen Mystiker, mit »einem sanften, stillen Leuchten« beschreibt. Daneben erleben wir auch den dunklen einwohnenden Gott, allerdings zumeist auf schmerzhafte Weise, was auf eine zu lösende Aufgabe verweist. So begegnet uns Gott transzendent mit seiner zeitlosen liebe und auch immanent als der werdende und sich verwandelnde. Dabei kann die eine Seite als männlich, die andere als weiblich bezeichnet und. wohl auch erfahren werden, so wie dies etwa Friedrich Weinreb meint, wenn er sagt, dass die weibliche, die mütterliche Seite Gottes, die Schechina, den Menschen in die irdische Wirklichkeit begleitet.

Für den einzelnen Menschen stellen aber beide Seiten offensichtlich verschiedene Bilder, Eindrücke und Erfahrungen dar. Wahrscheinlich ist es deshalb unmöglich, eine allgemein gültige Darstellung zu entwickeln. Trotzdem ist wohl die individuelle, subjektive Spekulation nicht nur erlaubt, sondern auch hilfreich und heilsam.

Es scheint, als sei Gottes Einwohnung in seinen irdischen Geschöpfen mit einer Beschränkung auf deren Verhalten und Handlungsvermögen verbunden und als sei der evolutionäre Prozess auch für den einwohnenden Gott ein Aufstieg von einem Dahindämmern im Stein über das Bewusst werden im Menschen bis zur Höhe seines kosmischen Seins mit seiner allumfassenden, zeitlosen Liebe. In diesem evolutionären Prozess scheint der Beitrag des Menschen unverzichtbar. Das ist es wohl, was die alten Juden meinten, wenn sie von der Aufgabe des Menschen sprachen, zur Vereinigung Gottes mit seiner Schechina, nämlich seiner einwohnenden Wirklichkeit, beizutragen[24].

Der einwohnende Gott, der wohl nicht nur mit der jüdischen Schechina, sondern auch mit der Großen Mutter, der Göttin der Natur, identisch ist, entspricht in seinem »Bewusstsein« dem »Bewusstsein« der verschiedenen Glieder der Schöpfung und entfaltet sich entsprechend der Höherentwicklung des Menschen, die er gewissermaßen begleitet und so ihrem jeweiligen Stand entspricht. Durch die innewohnende Sehnsucht nach Vereinigung, nach Einheit, entsteht eine

24 nachzulesen in Martin Buber, Zwischen Zeit und Ewigkeit

Das Werdende

fruchtbare Spannung als Triebkraft für die Weiterentwicklung, der Heilsweg, die Heilsgeschichte. Aus der Tiefenpsychologie wissen wir, dass sich Jahwe in Träumen nicht selten als Tiermensch offenbart, und Graf Dürckheim berichtet aus seiner therapeutischen Arbeit, wie die abgespaltene und verdrängte Große Mutter ihre Kinder frisst. (Dass unser Gottesbild vom Großen Vater noch Schreckliches verursacht hat, wie die Geschichte zeigt, sei nur am Rande vermerkt.) Hier werden Frühformen einer Entwicklung sichtbar, die ihre Stufen deutlich machen.

Der organischen Evolution, die im wesentlichen längst abgeschlossen ist, folgt die spirituelle, deren Träger und Kristallisationspunkt der Mensch ist. Symbolisch gesprochen hat er seinen Kopf im Himmel und seine Füße auf der Erde. Er ist das Verbindungsglied für den Energiefluss der göttlichen Kraft zwischen dem kosmischen und dem irdisch einwohnenden Gott und verantwortlich für die Überwindung der Dualismen und die Wiederherstellung der Einheit zwischen dem Ewigen, Zeitlosen und dem Irdisch-Zeitgebunden, eine Einheit, die sieh irdisch-menschlich als Polarität manifestiert, nämlich in Oben und Unten, in Hell und Dunkel, in Gut und Böse. Und so begegnet die Liebe »von oben« der Sehnsucht »von unten«. Ihre Quelle ist letztlich dieselbe, auch wenn die »von unten« auf ihrem Weg in der Schöpfung vielfältige und andersartige Gestalt angenommen hat und sich nicht selten für den Menschen als das »Böse« manifestiert.

So kann der Mensch sowohl Freiheit als auch Geborgenheit, zwei seiner Grundbedürfnisse, die mit der Individuation und der Sozialisation zu vergleichen sind, in den beiden Aspekten Gottes, dem männlichen Prinzip der Befreiung einerseits und dem weiblichen Prinzip der Geborgenheit andererseits, auf positive Weise nur durch seinen Beitrag zu ihrer Vereinigung erfahren.

Die Einschränkung der Allmacht Gottes im Bereich der irdischen Wirklichkeit des Menschen geht also nicht nur so weit, dass Gott sich um der Freiheit des Menschen willen zurücknimmt, um diese nicht ernstlich zu begrenzen. Sie bedeutet sogar, dass die Manifestation der unendlichen liebe Gottes auf dieser Erde und deren erfahrbare Wirklichkeit vom Verhalten und Handeln des Menschen auf eine Weise abhängig gemacht ist, die den Menschen in seinen besonderen Persönlichkeiten, wie etwa Mose in unserer Geschichte, verantwortlicher, gütiger und barmherziger erscheinen lässt als Gott selbst - aber offensichtlich eben nicht nur erscheinen lässt, sondern tatsächlich ist. Die irdische Manifestation eben dieser göttlichen Wesenszüge scheint tatsächlich davon abzuhängen, dass ihnen der Mensch durch sein Denken, Reden, Verhalten und Handeln »eine Stätte bereitet«. Sie bleibt sonst zwar Möglichkeit, wird aber nicht irdische Wirklichkeit. Das ist wohl gemeint, wenn davon die Rede ist, dem Herrn den Weg zu bereiten[25].

Auf diesem Weg zeichnen sich drei Stufen ab, die den drei Begriffen Geist, Seele und Körper entsprechen: der göttliche Impuls, die menschlichen Mög-

25 zum Beispiel Jes. 40,3

lichkeiten, die irdische Wirklichkeit. Der göttliche Impuls, die Vision von der großen Harmonie, stammt in unserem Bild vom transzendenten Gott. Er ist die Grundlage der göttlichen Heilsgeschichte und die Triebkraft des Menschen, aber eben nur eine Möglichkeit, eine Möglichkeit zwar, die aufgrund der ihr innewohnenden Dynamik irgendwann Wirklichkeit werden wird. Aber das Wie und Wann scheint sehr stark vom Menschen beeinflusst zu werden. Der Mensch macht aus dieser Möglichkeit konkrete irdische Wirklichkeit. Dabei wird die Bitte des Vaterunsers »Dein Wille geschehe wie im Himmel so auf Erden« Realität in unserer Welt. Der Mensch erfüllt dabei seine Bestimmung und vereinigt damit den »oberen« und den »unteren« Gott.

Allerdings sind auf diesem Weg der Inkarnation auch Verirrungen möglich. Sie bestehen vor allem darin, sich Macht anzumaßen und Zwang auszuüben oder den schöpferischen Geist zu verdinglichen und nach außen zu richten.

Im erstgenannten Fall drohen beide Seiten ihr Menschsein zu verlieren und zum Über- und Untermenschen zu werden. Beide Seiten verlieren damit Gelegenheiten zum inneren Wachstum, zur geistigen Reife. Die dialogische Wechselwirkung zwischen Gleichrangigen ist dazu nämlich unverzichtbar.

Im letzteren Fall dient der schöpferische Geist nicht mehr vorrangig der Verwandlung des Menschen und damit seines Verhaltens, sondern der technischen Innovation und anderen dinglich fundierten Heilswegen, die zumeist suchtartige Formen annehmen und dann den biblischen Götzen entsprechen.

Jeder Mensch ist ein mikrokosmisches Teilstück des kosmischen Dramas. Seine persönlichen Fähigkeiten und Schwierigkeiten spiegeln Segmente der großen Evolution, die jedem einzelnen als ureigene Aufgabe zufallen. Durch seinen Reifeprozess trägt er nicht nur bei zu seinem persönlichen Heil, sondern auch zum Heil der Welt und zum Heil des einwohnenden Gottes. Das ist wahrer Gottesdienst - im eigentlich Sinn des Wortes.

So gesellt sich zur Freiheit des Menschen eine geradezu göttliche Würde und eine außerordentlich große Verantwortung, die ihn wirklich zum Hüter und Haushalter der Erde-macht im Kleinen wie im Großen. Und das reicht bis zu seinem entscheidenden Einfluss auf die Verwirklichung der göttlichen Vision und Ordnung bei uns.

Vielleicht werden so Sinn und Bedeutung des Lebens Jesu als des ersten neuen Menschen, wie Franz Alt ihn nennt, für die irdische Wirklichkeit auf besondere Weise deutlich. Bei ihm wird die Zwiespältigkeit des wahrnehmbaren Gottes daran deutlich, dass Jesus zwar sagt, niemand sei gut außer Gott. Und doch bittet er im Vaterunser, von Gott nicht in Versuchung geführt zu werden. Die besondere Bedeutung dieser Bitte wird daran deutlich, dass er sie nicht nebenbei, gewissermaßen in einem Nebensatz ausspricht, sondern dass er sie, der Überlieferung zufolge, zur täglichen Bitte im großen Gebet und damit zu einem zentralen Anliegen macht. Er traut es Gott also nicht nur zu, sondern glaubt auch, dass Gott durch die Bitte des Menschen davon abzuhalten sei und so der für die menschliche Wahrnehmung bestehende göttliche Zwiespalt aufgehoben werden könne.

Jesus macht darüber hinaus vor allem zweierlei klar: zum einen die überwältigende Bedeutung der Liebe und zum anderen, wie der Mensch der Versuchung, die aus den beschriebenen Einsichten erwachsen kann, zu begegnen hat. Ihr besonderes Thema für Jesus, nämlich die Frage von Macht und Gewalt, steht nicht nur am Anfang seines Wirkens - nämlich in der Versuchungsgeschichte - sondern wird auch zum Hauptthema am letzten Abend und gewinnt damit vermächtnishafte Bedeutung.

Der Mensch läuft nämlich Gefahr, der vielleicht größten Versuchung auf diesem Weg, dem Wahn der Allmacht, zu erliegen, wie dies insbesondere bei den deutschen Nazis zu beobachten war, die ihre Weltanschauung in diesem Punkt auf einen wohl falsch verstandenen Nietzsche gründeten, der bekanntlich vom Übermenschen gesprochen hat. In der jesuanischen Denkweise ist der »Übermensch« aber der Mensch, der sich zwar seiner Bedeutung, aber auch seiner Winzigkeit im kosmischen Drama bewusst wird, konsequent auf Macht verzichtet und in aller Demut versucht, aus der erfahrenen Liebe heraus den Willen des transzendenten Gottes zu seinem eigenen zu machen und so zur (Wieder-)Herstellung der Einheit beizutragen.

Der besondere Beitrag Jesu zum eigenen Heil, zum Heil der Welt und zum Heil des einwohnenden Gottes bestand darin, aus den verschiedenen Traditionen und prophetischen Visionen der hebräischen Bibel den Strang der Liebe, der Gottebenbildlichkeit des Menschen und konsequenterweise der Gewaltfreiheit und des Machtverzichts als die eigentlich göttlichen Ziele herausgeschält und in der Auseinandersetzung mit dem einwohnenden Gott (nach der griechischen Bibel mit dem Teufel oder dem Versucher) darum gerungen zu haben, dass dieser Strang nicht nur zur irdischen Leitschnur wurde, sondern sich in ihm »inkarnierte« und damit zu aller Heil irdische Wirklichkeit wurde.

Die Christenheit hat dies zwar bislang erst ansatzweise begriffen, wie die Auseinandersetzungen um Fragen der Rüstung und der Regierungsgewalt und der dabei praktizierte Dualismus immer wieder deutlich machen. Und doch hat Jesus durch sein Leben und seine Lehre gerade in dieser Frage den entscheidenden Beitrag dazu geleistet, diesen Dualismus zu überwinden und in eine Polarität zu verwandeln, also in einen Spannungsbogen, der beide Seiten beinhaltet und sie so fruchtbar werden lässt.

Der von Jesus überwundene, bei den meisten Christen aber immer noch dominierende Dualismus sieht einerseits einen himmlischen Gott der Gnade, Barmherzigkeit und Liebe und die daraus abgeleitete Gültigkeit der Bergpredigt für das Innen- und Privatleben und andererseits einen irdischen Gott, »der Eisen wachsen ließ« und von dem es auf den Koppelschlössern der Soldaten hieß: »Gott mit uns«, also einen Gott, der auch Mord und Totschlag segnet. Bedauerlicherweise unterliegen viele von uns noch

Das Werdende

diesem Dualismus, auch wenn die Botschaft von der Erlösung davon ständig auf unseren Lippen ist. Jesus mühte sich unter Einsatz seines Lebens darum, diesen Dualismus, diese Spaltung zu überwinden und die Einheit in der Polarität wiederherzustellen, den Spannungsbogen, den es auszuhalten gilt. Dazu musste er die in der Jordantaufe auf dramatische Weise erfahrene unendliche Liebe Gottes »durchschalten« zur Vereinigung der hellen und dunklen Seiten seiner selbst - und Gottes. Nicht ohne Grund stellen die Geschichten von der Taufe im Jordan und von der Versuchung in der Wüste in den Überlieferungen den Auftakt zum öffentlichen Wirken Jesu dar. Sie spiegeln die beiden Aspekte Gottes, die es dadurch zu vereinigen gilt, dass der dunkle, der primitive, der einwohnende, an den evolutionären Verlauf der Zeit gebundene »Teil« Gottes dem zeitlos-ewigen, also keiner Evolution unterworfenen »Teil« Gottes angenähert wird, was für die irdisch-menschliche Wahrnehmung die Verwandlung von einem Dualismus in eine Polarität einschließt.

Hat eine solche Veränderung der gängigen Gottesvorstellung einen konkreten Einfluss auf unseren Stand innerhalb der Welt und auf unseren Umgang mit der Wirklichkeit, oder stellt sie nicht mehr als eine von der Wirklichkeit abgehobene theologische Spekulation dar?

Carl Gustav Jung erzählt die Geschichte von seiner Begegnung mit den nordamerikanischen Pueblo-

Indianern[26], die dafür bedeutsam sein könnte: Einer der Pueblo-Häuptlinge antwortete auf seine Frage: »Meint ihr, dass das, was ihr in eurer Religion tut, der ganzen Welt zugute kommt« mit den Worten: »Wir sind doch ein Volk, das auf dem Dach der Welt wohnt, wir sind die Söhne des Vaters Sonne, und mit unserer Religion helfen wir unserem Vater täglich über den Himmel zu gehen. Wir tun dies nicht nur für uns, sondern für die ganze Welt. Wenn wir unsere Religion nicht mehr ausüben können, dann wird in zehn Jahren die Sonne nicht mehr aufgehen. Dann wird es für immer Nacht werden.«

Anschließend geht Jung zwar zunächst auf den europäischen Rationalismus ein, aus dem heraus wir »die indianische Naivität belächeln und uns in unserer Klugheit erhaben Vorkommen«. Er fährt aber fort und sagt:

»Dass sich aber der Mensch imstande fühlt, auf die übermächtige Einwirkung des Gottes vollgültig zu antworten und eine selbst dem Gotte wesentliche Rückleistung zu geben, ist ein stolzes Gefühl, welches das menschliche Individuum zur Würde eines metaphysischen Faktors erhebt. ›Gott und wir‹, dieses äquivalente Verhältnis liegt wohl jener beneidenswerten Gelassenheit zugrunde. Ein solcher Mensch ist im vollsten Sinn des Wortes an seinem Platze.«

In ähnlicher Weise müsste es beispielsweise einem Alkoholiker ergehen, wenn er erfährt, dass seine Auseinandersetzung mit seiner Sucht der Versuchung Jesu in der Wüste gleicht. Der Versucher stellt aber

---

26 A. Jaffé, Erinnerungen, Träume, Gedanken von C. G. Jung, Olten 1971.

zum einen die dunkle Seite Gottes dar und nicht einen abgespaltenen und die Verdrängung geradezu herausfordernden Teufel als Gegengott. Zum anderen - und das scheint noch wichtiger zu sein - bedarf dieser dunkle Gott ebenso der Erlösung wie der Alkoholiker selbst. Dessen schwerer Weg dient also nicht nur ihm selbst - was vielen ohnehin in dieser Situation völlig gleichgültig geworden ist - sondern auch der Erlösung des dunklen einwohnenden Gottes. Was er tut oder nicht tut, reicht also über seine eigene Befindlichkeit hinaus. Auch hier vermag es der Mensch, »zur Würde eines metaphysischen Faktors« heranzuwachsen, um mit Jung zu sprechen, und seinem Leben einen neuen Sinn zu geben.

Konkret würde dies bedeuten, dass der Mensch seine Sucht und den Gott seiner Sucht als wesentlichen Teil seiner Persönlichkeit zwar lieben sollte, dass aber seine Selbsttherapie und sein Gottesdienst darauf abzielen sollten, der Sucht nicht länger zu verfallen. Auch hier macht die Parallele zur Versuchungsgeschichte Jesu deutlich, um was es geht.

*Wohl, ich habe dich geschmolzen,
nicht zu Silbergewinn,
dich geprüft im Ofen des Elends.
Um meinetwillen, meinetwillen
werde ichs tun.*
(Jes. 48, 10)

Das Dunkle

»Wir erfahren ... nicht nur die helle Seite Gottes, die uns vor allem in der Stille begegnet, eine Erfahrung, die Johannes vom Kreuz, einer der großen Mystiker, mit einem sanften, stillen Leuchten beschreibt. Daneben erleben wir auch die dunkle Seite des einwohnenden Gottes, allerdings zumeist auf schmerzhafte Weise, was auf eine zu lösende Aufgabe verweist.«
So habe ich im vorausgehenden Kapitel geschrieben, das in seinen Grundzügen schon vor einigen Jahren entstanden ist[27]. Aber wie ich im Nachhinein erkenne und gestehen muss, tat ich dies, ohne zu begreifen, dass mich das sehr persönlich anging und angeht, dass ich selbst Gott nur im Hellen, Stillen gesehen und gesucht habe und nicht auch im Dunkeln.
Ja, ich wundere mich, wie ich überhaupt so eine Aussage machen konnte. Einmal mehr habe ich den Eindruck, dass die Aussage über mein damaliges Verstehen hinausreichte und ich mir erst später klarer über den Inhalt wurde. Um das deutlich zu machen, muss ich ziemlich weit ausholen und über persönliche innere Erfahrung sprechen:
Es ist schon Jahrzehnte her, da hatte ich ein großes Traumbild, in dem ich unten an einer Treppe stand, während oben ein Tiermensch, einem Gorilla ähnlich,

---

[27] in »Ohne Macht und Mandat«, Wuppertal 1992

mit gefletschten Zähnen den Aufgang blockierte. Von Angst gelähmt blieb ich unten stehen. Schließlich keimte in mir eine innere Wärme, ja eine Liebe zu dem Monstrum, das dadurch kleiner und harmloser wurde. Die Blockade löste sich auf.

Dieses Bild stieg in den vergangenen Jahren immer wieder in meiner Erinnerung auf, ohne mich aber ernsthaft zu berühren oder zu beschäftigen. In jüngerer Vergangenheit aber schien mir diese Traumgestalt als ein Bild des dunklen, einwohnenden Gottes näher zu kommen, äußerlich und innerlich, räumlich und gefühlsmäßig.

Wenn ich mich darauf einlasse, sehe und fühle ich einen Nacken, der im Übergang zum Rücken einem flachen Höcker bildet. Ich streichle ihn, sehe und fühle ein dunkles Fell, nicht seidig, und wollig wie bei einem Bären, sondern eher borstig. Ich überlege lange und suche nach einer Erfahrung, die einen Vergleich ermöglicht, bis mir nach einiger Zeit zu meiner großen Überraschung die Decke eines Wildschweins im Hause meines Bruders einfällt. Die fühlt sich so an. Das ist es.

Diese Vermutung wird bestärkt durch einen neueren Traum, in dem ich in einer Art Ritus für ein Orakel ein Holzscheit gegen eine (links stehende) Wand schleudere. Der Putz löst sich und legt einen spiralförmigen Stein (wie mir erzählt wird, ein Symbol für die Gebärmutter) offen, der wiederum einen Wildschweinkopf aus ungebranntem grauem Lehm freigibt. Ich weiß nicht, was der Traum bedeutet, wesentlich ist mir nur, dass wieder das Wildschwein auftaucht.

Das Dunkle

Seltsam, ein Tiermensch mit dem Fell eines Wildschweins. Mir fällt das Buch über das Schwarzmondtabu ein,[28] in dem von einem Wildschweinmythos die Rede ist, wie ich mich dunkel erinnere[29]. Das wäre ja noch schöner, wenn die Autorin, eine (ehemalige) württembergische Pfarrerin, von der ich früher nicht viel Gutes gehört habe, eine wichtige Wahrheit für mich gefunden hätte. In typisch männlicher Überheblichkeit wollte ich eigentlich damit nichts zu tun haben. Aber nun habe ich mir das Buch besorgt und begonnen, es zu lesen. Und es bewegt mich so sehr, dass ich fühle, hier fängt etwas sehr Wichtiges für mich an, auch wenn ich nicht weiß, wo mich der Weg hinführen wird.

Schließlich erinnerte ich mich an die Geschichte der Zwillinge von Rebekka,[30] die mich zunächst deshalb berührte, weil der Konflikt zwischen beiden schon im Mutterleib zum Streit führte. Als die werdende Mutter nachfragte, erfuhr sie, dass von ihren Kindern zwei Völker ausgehen würden, von denen das eine dem anderen dienen solle, nachdem es von diesem unterworfen worden sei. Das eine Kind, Esau, das der Legende zufolge schon im Mutterleib zu den heidnischen Tempeln drängte, war am ganzen Leib mit rötlichen Haaren bedeckt wie mit einem Fell. Und wenn später das andere, nämlich Jakob, seinen blinden Vater Isaak dadurch betrog, dass er für dessen

---

28 Jutta Voss, Das Schwarzmond-Tabu, Stuttgart 1991
29 Damit will ich nicht behaupten, mein inneres Bild vom Wildschwein sei mit dem von Jutta Voss beschriebenen Wildschweinmythos identisch.
30 in der Bibel 1. Mose/Genesis 25

Tasten Hand und Hals mit Ziegenfellstreifen bedeckte und so vortäuschte, er sei Esau, dann dürfte klar sein, dass mit der Gestalt des Esau auch hier das Bild des tierähnlichen Menschen, des Tiermenschen, auftaucht: der Archetyp des Tiermenschen, der unterworfen, unterdrückt, verdrängt wird und dem anderen dienen soll, der aber aus seiner Unterdrückung heraus dem anderen nicht dient, sondern seiner Lebenskraft energisch Raum verschafft, wie die Geschichte immer wieder deutlich macht.

Also auch hier ein Bild der dualistischen Aufteilung, der Abspaltung: zwei verschiedene Kinder, zwei sich bis zum heutigen Tag bekämpfende Völker, gilt doch Esau als der Stammvater der arabischen Nation, während Jakob einer der Stammväter der Juden ist.

Allerdings soll nicht vergessen werden, dass Isaak seinen erstgeborenen Sohn Esau geliebt hat. Vielleicht war die Erfahrung seiner versuchten Opferung durch seinen Vater Abraham eine so einschneidende Erfahrung für ihn, dass das Dunkle für ihn seither eine andere Bedeutung hatte als für die anderen.

Einer jüdischen Legende zufolge steht Jakob für das Gute und Esau für das Böse.[31] Ein rabbinischer Kommentar zu dieser Geschichte meint aber, dass »der Messias nicht kommen wird, bevor die Tränen Esaus getrocknet sind«[32]. Er weiß also, dass das sogenannte Böse nicht auf Dauer abgespalten, verraten und verdrängt werden kann.

---

31 Joseph Gaer, The Lord of the Old Testament, zitiert nach Edinger, The Bible and the Psyche, Toronto 1986
32 Myron B. Gubitz, Amalek, The Eternal Adversary, ebenfalls zitiert nach Edinger (im zitierten Buch)

Das Dunkle

Esau ist ein Mann, und für mein Empfinden war der Tiermensch, mit dem ich es zu tun hatte und habe, auch männlich. Aber vielleicht ist das ein Irrtum.

Vor kurzem war ich in einem Zoo und habe dabei auch meine Geschwister, die Menschenaffen, besucht - nicht ohne Trauer über deren Schicksal und über den mühseligen und schmerzlichen Aufstieg des Geistes und der Güte in der Entwicklungsgeschichte des Lebens auf der Erde. Stellen sie eine Stufe der irdischen Entwicklung und Manifestation der dunklen Seite Gottes dar?

Auf der Suche nach einer Antwort auf diese Frage fällt mir eine andere Erfahrung aus jüngster Vergangenheiten:

Bei einer Reise in die USA erlebte ich zusammen mit meinem Sohn einige Tage in der Wildnis in Maine. Das Laub glühte in den Farben des Indianersommers. Der See, der Berg und der Himmel - alles war strahlend schön. Und doch hatte ich ein Gefühl des Unbehagens, wie es mir in ähnlichen Situationen schon öfter ergangen war, wenn auch nicht mit dieser Deutlichkeit. Ich fühlte, als sei die Wildnis wirklich wild, ja brutal, und dass das Leben - hier angesichts der traumhaften Schönheit vielleicht besonders deutlich - »seufzt und harrt auf die Offenbarung der Kinder Gottes«[33]. Ich empfand eine dunkle, für mich eher bedrohlich wirkende Kraft, vielleicht die Lebenskraft schlechthin. Das trug vermutlich dazu bei, das eingangs beschriebene innere Bild des Tiermenschen

---

33 in der Bibel in Römer 8,19

wieder in mir lebendig zu machen. Dieser Kraft schien mir das Element von Geist und Güte zu fehlen.

Zwar sind Beispiele von Tieren bekannt, die Geburtshilfe oder auch Sterbebegleitung praktizieren, doch beschränkt sich im Tierreich fürsorgliche Liebe meines Wissens in aller Regel auf die mehr oder weniger lange dauernde Versorgung des eigenen Nachwuchses.

Bei Martin Buber sagt einmal die Schechina, die einwohnende Gottheit: »Mein Gesicht ist das der Kreatur« - also das Gesicht aller Tiere und aller Menschen, der Verkommenen ebenso wie der Heiligen. Der Schöpfer oder besser gesagt die Schöpfergöttin wohnt demnach in ihren Geschöpfen (in allen! - in den hellen wie in den dunklen, in den gesunden wie in den gebrechlichen), nimmt an ihrer aller Schicksal teil, leidet also mit und will durch sie erlöst, »erhoben« werden. Bei diesem Erlösungsweg spielt der Mensch eine wichtige Rolle, die für seine Reife und Würde entscheidend ist.

Wie wir täglich sehen und erfahren können, wird bei Tier und Mensch wenig von »Geist und Güte« sichtbar und erfahrbar. Sind sie deshalb von Gott verlassen? Wohl keinesfalls. Die einwohnende Gottheit »lebt« auf der manifesten Entwicklungsstufe und hofft zusammen mit der Kreatur »seufzend auf die Offenbarung der Kinder Gottes«.

Für mein Empfinden war die Schechina, die weibliche Seite Gottes, die nach der jüdischen Überlieferung den Menschen in die irdische Wirklichkeit begleitet, verwandt mit dem Bild der Maria, der »Reinen, Unbefleckten, Hellen«, einem typisch christli-

Das Dunkle

chen Bild. Diese Vorstellung wurde sicher dadurch beeinflusst, dass für die Juden meines Wissens die Schechina nichts mit dem »bösen Trieb«, der dunklen Erfahrungsseite, zu tun hat. Aber nun muss ich fragen, ob sie in ihrer Weiblichkeit nicht eher dem archetypischen Symbol des Wildschweins entspricht und damit der schöpferischen Lebenskraft schlechthin.

Allerdings besteht bei einer solchen Betrachtungsweise die Gefahr, dass in traditionell patriarchalisch-dualistischer Spaltung das Weibliche, das Wildschein und damit das Dunkle mit dem Bösen und dem Destruktiven gleichgesetzt wird, wie dies durch die vergangenen Jahrhunderte der Fall war, und nicht als das fruchtbar Bergende, den dunklen Schoß der Mutter Erde, der in dem Gleichnis Jesu der Ort der Verwandlung des Weizenkorns ist.

Dass das auch anders sein kann, zeigt mir das jüngste Bild meiner inneren Erfahrung, das während einer Meditation in mir auftauchte. Der borstige Tiermensch lehnte zärtlich an meiner linken Seite, und ich nahm ihn liebevoll in den Arm.

Mit der Vorstellung von dem dunklen einwohnenden (weiblichen) Gott hatte ich bei dem Zoobesuch keine Probleme bei allen Geschöpfen, die uns nicht so nahe verwandt sind und mir wohl deshalb liebenswürdig erschienen. Je höher entwickelt sie aber waren und je näher sie mir standen, desto schwieriger wurde es für mich, geradezu tragisch. Wirklichkeit und Möglichkeit schienen mir weit auseinander zu liegen und sich in einer immer schmerzlicher erscheinenden Sehnsucht auszudrücken, einem »Seufzen und Harren«, wie die Bibel es beschreibt, auch wenn es sich »nur« in einem dumpfen Ahnen offenbart. Das Auseinanderklaffen von Wirklichkeit und Möglichkeit erreicht beim Menschen einen tragischen Höhepunkt. Dies gilt vielleicht für Christen mehr noch als für andere Menschen, ist doch ihre Geschichte von mörderischen Kriegen und der Ausrottung ganzer Menschengruppen, von Rüstung-Wahnsinn und von vernichtenden Wirtschaftskriegen gekennzeichnet, während ihre Religion etwa mit der Bergpredigt der Bibel von ganz anderen Möglichkeiten weiß. Diese Möglichkeiten sind von Warmherzigkeit und Barmherzigkeit, von Machtverzicht und Gewaltlosigkeit, von der Bereitschaft, selbstlos zu dienen, statt egoistisch zu herrschen, gekennzeichnet. Sie sind das Ergebnis einer Entwicklung, in der sich Geist und Güte offenbaren.

Aber diese Einsicht, die ja wohl irgendwo da ist, hindert uns nicht daran, nach dem »Gesetz des Dschungels«, wie Mahatma Gandhi es nennt, uns aufzuführen wie tollwütige Hunde und eben nichts oder doch kaum etwas dafür zu tun, dass sich die dunkle Seite Gottes, die dunkle Lebenskraft, nicht nur inkarnieren, sondern dass sie auch befreit werden kann und sich so mehr und mehr Raum findet für die Offenbarung der »Kinder Gottes«.

Friedrich Weinreb schreibt[34], das Wort »Adam« heiße im Hebräischen »ich gleiche«, und er vergleicht anschließend Wesen und Schicksal des Menschen mit Gott: »Wenn du eine Person bist, mit all deiner Tragik, so auch Gott. Du bist verlassen? Er auch. Du

---

34 Friedrich Weinreb, Frömmigkeit heute, Weiler 1986

Das Dunkle

wirst nicht verstanden? Er auch nicht, und wie! Du suchst Liebe? Und wie er sie sucht!« Wobei das »er« immer auch »sie« heißt. Weinreb schreibt nämlich: »... dieses hebräische Wort des Namens ›Herr‹ ist grammatikalisch ein ausschließlich weibliches Wort.« Und weiter: »Auffallend, dass das hebräische Wort für ›Erbarmen‹ genau so gut mit ›Gebärmutter‹, ›Schoß‹ übersetzt werden kann.« Ich würde hinzufügen, dass alle anderen typisch messianischen Eigenschaften wie etwa die Machtlosigkeit, der Gewaltverzicht, das warmherzige Verzeihen ursprünglich eher der weiblich-mütterlichen Seite des Menschen (sei er nun Mann oder Frau) zugeordnet werden können.

Als Täter und Opfer der Entwicklung leidet Gott wie wir Menschen an der Wirklichkeit. In diesem Sinn ist wohl auch der Satz bei Hiob zu verstehen: »Warum gibt Gott das Licht dem Mühseligen und das Leben den betrübten Herzen?«[35] Gemeint sind wohl diejenigen, die an der Spannung zwischen Wirklichkeit und Möglichkeit leiden. In ihnen manifestiert sich nicht nur Gottes helle Seite, sondern auch sein dunkles Wesen. Die daraus entstehende schmerzliche Spannung drängt auf die Verwirklichung weiterer Schritte der latenten Möglichkeiten. Sie sind also die Träger der Hoffnung (Gottes und der Menschen) auf Veränderung, auf geistigen Fortschritt, auch wenn dieser in ihnen dem Anschein nach nicht auf wahrnehmbare Weise verwirklicht werden sollte. Ihre Aufgabe wird vermutlich schon erfüllt, wenn sie diese Spannung aushalten und so Träger der Hoffnung

---

35 Hiob 3,20

bleiben wie ein Licht in der Finsternis und eine Stätte der Bereitschaft, in der sich die »latenten Möglichkeiten« verwirklichen können. Das Spannungsfeld zwischen Hell und Dunkel, Oben und Unten prägt das Leben dieser Menschen nicht als etwas Vorübergehendes, sondern als etwas Andauerndes, als etwas Wesentliches ihrer Persönlichkeit, als etwas, das sich zwar im Verlauf des Lebens verändert und verwandelt, aber im wesentlichen bleibt. Der große österreichische Geschichtsphilosoph Friedrich Heer spricht von »Spannungsmenschen«. Es ist die Rede von einer furchtbaren und fruchtbaren Spannung, einer Polarität, die beide Pole als unverzichtbar beinhaltet und nicht der Versuchung der Spaltung in einen Dualismus verfällt, einem primitiven »hie gut, dort böse« und einem dualistischen Kampf zwischen der einen und der anderen Seite, dem uralten manichäischen Krieg zwischen Licht und Finsternis.

Die dunkle Seite Gottes, in der die Verhaltensweise einer niederen Entwicklungsstufe noch nicht befreit, verwandelt ist, ergreift von uns Besitz. Sie will durch uns, den Menschen, als potentielle Träger des »heiligen« Geistes und der göttlichen Liebe manifest werden, will sich inkarnieren. Der Mensch soll zur Stätte, zur Wohnung des Geistes und der Güte werden, nicht damit die dunkle Seite Gottes und ihre Lebenskraft auf dem niedrigen Stand ihrer irdischen Offenbarung (vor allem weil ihrem Träger unbewusst) aus der versuchten Verdrängung heraus auf eine verkrüppelte Weise altes überwuchere (was sie heute bei nüchterner Betrachtung der individuellen und kol-

Das Dunkle

lektiven Wirklichkeit auf dieser Welt tut) und die Entwicklung dadurch blockiert werde, sondern damit sie im Menschen eine innere Heimat finde, in der sie von ihm als seine eigene dunkle Seite, als sein Schatten, wie Jung es nennt, integriert, angenommen, befreit und verwandelt werden kann. Heute werden wir von ihr meist unbewusst überrollt. Wir kämpfen gegen sie an, oder wir verdrängen sie. Beides ist vergeblich. In der griechischen Bibel heißt es: »Wir tun nicht das Gute, das wir gerne tun möchten, sondern das Böse, das wir verabscheuen.«[36]

Inkarnation heißt Einschränkung, Einschränkung auf Anlagen und Möglichkeiten des Geschöpfs. Dieser Rahmen kann nicht gesprengt werden. Eine Katze bleibt eine Katze und ein Hund ein Hund, auch wenn bei Haustieren deutlich zu spüren ist, dass sie sich danach sehnen, den Rahmen ihrer artgemäßen Beschränkung zu erweitern, etwa in ihrem Bedürfnis nach Zuwendung und zärtlicher Liebe.

In der Bibel heißt es richtigerweise: »ER erniedrigte sich selbst und nahm Knechtsgestalt an.«[37] Gott wird Mensch. Er nimmt aber eben nicht nur »Knechtsgestalt« im Menschen an, sondern in allen Geschöpfen. Und die genannte »Erniedrigung« bedeutet immer die Beschränkung auf die Verhaltensweise des Geschöpfs. Bezogen auf den Menschen bedeutet dies, dass er es »zulässt«, dass es der von Gott gewählte Weg der Schöpfung ist, dass seine Energie, seine Kraft, sein Geist »erniedrigt«, ja missbraucht wird zu

---

36 Römer 7,19
37 Phil. 2,7

der Art und Weise, in der der Mensch denkt und handelt, eine Art und Weise, die allerdings auch aus göttlichen Quellen gespeist wird. Auf makabre Weise entspricht das Motto des Koppelschlosses der deutschen Wehrmachtssoldaten der Wahrheit: »Gott mit uns.« Geknechtet, erniedrigt, missbraucht – aber auch so gewollt. Die göttliche Sehnsucht, der göttliche Wille will zwar etwas ganz anderes, aber er wird gespeist aus den Quellen der dunklen Tiefe. Und es ist in die Hände des Menschen gegeben, aus der Tiefe heraus dieses ganz andere hervorzubringen. So leidet der einsichtige Mensch an der Diskrepanz zwischen Wirklichkeit und Möglichkeit. Und ebenso leidet Gott.

Selbst die Inkarnation, die Menschwerdung Gottes in Jesus bedeutet die Beschränkung auf die Grenzen dieser Person: Jesus, ein Mann und keine Frau. Er war Jude und kein Schwarzer oder Chinese. Er lebte in Palästina und nicht in Indien oder Lateinamerika, und dies vor rund 2000 Jahren und nicht vor 500 oder 5000. Wie jede Verwirklichung von Ideen ist auch die Inkarnation der Verzicht auf alle anderen Möglichkeiten, die sonst in der Ideenwelt zu finden sind.

Auch Jesus wurde mit dem furchtbaren Problem der Selbstbeschränkung Gottes konfrontiert. Wie aus den Evangelien hervorgeht, war es vor allem einer der prophetischen Sätze[38], die ihn umgetrieben haben. Dort heißt es[39]: »Rede zu ihnen, damit ihre Herzen verstockt werden, ihre Ohren verschlossen und ihre Augen verklebt, so dass sie mit ihren Augen nicht se-

---

38 Jes. 6,10
39 in der christlichen Einheitsübersetzung

Das Dunkle

hen, mit ihren Ohren nicht hören und mit ihrem Verstand nicht erkennen. Ich will nicht, dass sie zu mir umkehren und geheilt werden.«
Wie ist er mit diesem Satz umgegangen? Wie konnte er trotzdem die Umkehr predigen, wo er doch wissen musste, dass sie vergeblich sein könnte, dass Gott die Umkehr auch in seiner Zeit möglicherweise gar nicht wollte?

Jesaja erfährt den Schock der brutalen Verweigerung Gottes und muss daran auch persönlich die Tragik der Erfolglosigkeit seiner Mühe erkennen. Jesus dagegen spürt in einer grundsätzlich ähnlichen Situation die Hoffnung auf eine spätere Frucht seines Lebens. Lukas macht die Reaktion Jesu besonders deutlich.[40] Jesus räumt zwar ein: »Sie sollen sehen und doch nichts erkennen, sie sollen hören und doch nichts verstehen.« Aber unmittelbar anschließend vergleicht er diese grauenvolle Tatsache mit dem Samen, der in die Erde, das Unbewusst-Dunkle, fällt, scheinbar abstirbt und irgendwann später (vielleicht) Frucht trägt. Er tröstet sich und uns damit, dass der Prozess der Wandlung Zeit braucht, dass er durch die dunkle Phase des scheinbaren Untergangs hindurch fuhrt (dass diese also nicht zu vermeiden ist) und dass darin unsere Hoffnung liegt. Wachstum ist also möglich, aber nicht nach unserem Zeitplan, nicht nach unseren Vorstellungen.

Die Beschränkung auf die Möglichkeiten des Geschöpfs ist ein selbstgewähltes, aus Gottes Steinen erbautes Gefängnis. Sie ist wohl ein immer stärker

---

[40] Lukas 8,10 ff.

gewordenes »morphisches Feld«, wie Rupert Sheldrake es nennt. Und es ist offensichtlich ungeheuer schwer und mit schmerzlicher Spannung erfüllt, darüber hinauszuwachsen, das Gefängnis zu sprengen und ein neues »morphisches Feld« zu formen.

Hoimar von Ditfurth zeigt auf, dass wie bei allen anderen Schritten auch bei der Evolution des Menschen jede neue Entwicklung auf dem alten Stand aufbaute. Er schreibt: »... ein Neuanfang ist ihr niemals möglich gewesen.«[41] So entwickelte sich das Zwischenhirn aus dem Stammhirn und die Großhirnrinde aus dem Zwischenhirn, und das Jüngere überlagerte das Ältere, aber ohne dessen Wirkungsweise auszulöschen. Das gilt sowohl für die Hirnteile selbst als auch für die damit verbundenen Verhaltensmuster, die »morphischen Felder« von Sheldrake. »Im Gegensatz zu den Verhältnissen in der Paläontologie sind die in den älteren Schichten steckenden >Fossilien< alle noch am Leben ... Sie sind grundsätzlich anachronistisch.«[42]

Vermutlich aus diesen Quellen heraus herrscht auch heute noch die Verhaltensweise, das »morphische Feld« des »Dschungels« fest überall vor. Sie beherrscht die Innenwelt wie die Außenwelt, das Kleine wie das Große. Draußen herrscht die Unrast zum Chaos hin, weil innen Unrast zum Chaos hin herrscht. Und innen herrscht diese Unrast, weil sie außen herrscht. Draußen ist Finsternis, wie wir alle

---

[41] Hoimar von Ditfurth, Innenansichten eines Artgenossen, München 1993
[42] ebenda

Das Dunkle

wahrnehmen, weil innen Finsternis ist. So ist es notwendig, not-wendig, dass aus der inneren Finsternis licht geboren werde und aufleuchte, auch wenn der Weg mühselig und schmerzlich sein sollte. Den ersten Schritt dazu tun wir, wenn wir diese Finsternis in uns wahrnehmen und annehmen. Das schafft die Voraussetzung für die Geburt des Lichts.

In der Bibel heißt es: »Das Licht leuchtet in der Finsternis.« Für die gängige christliche Weitsicht, die dualistisch, also manichäisch geprägt ist, bedeutet dies, dass das göttliche Licht in der dämonischen Finsternis aufleuchtet und dass dabei die Finsternis bekämpft und besiegt weiden muss. In diesem Sinn sind die Kreuzzüge im Mittelalter ebenso gerechtfertigt worden wie die Kriege der jüngeren Vergangenheit. Es war lediglich notwendig, den jeweiligen Gegner zu verteufeln, ihn als Kind der Finsternis hinzustellen. Ronald Reagan lieferte als Präsident der USA das jüngste Beispiel dieser Denkweise, als er ohne jede Verblümung die damalige Sowjetunion als das »Reich des Bösen« bezeichnete. So naiv wie Reagan tritt heutzutage wohl niemand auf, aber an der bei ihm sichtbar gewordene Grundhaltung hat sich nichts geändert. Noch immer glauben wir, das von uns so genannte Böse durch Bekämpfung vernichten zu können, im Kleinen wie im Großen, im Individuellen wie im Kollektiven, im Politischen wie im Religiösen, wie dies etwa an unserem Bild vom Kampf St. Georgs oder Michaels mit dem Drachen deutlich wird.

Und doch ist nicht nur das Licht Gottes, sondern auch die Finsternis. Oder noch konkreter: Für unsere menschliche Wahrnehmung ist Gott nicht nur Licht, sondern auch Finsternis, nicht nur Licht, sondern auch seine Quelle, die Finsternis, der Ausgangspunkt der Urkraft, der Lebenskraft - symbolisiert wohl durch das Wildschwein, von dem Jutta Voss spricht.

Von Jesus wissen wir, dass es gilt, nicht das Böse zu bekämpfen, sondern es durch das Gute zu befreien. Voraussetzung dafür ist, es als göttlich zu erkennen und als solches anzunehmen.

Der dunkle einwohnende Gott will leben, und er will sich verwandeln, so wie Licht und Wärme aus dem dunklen Feuer aufsteigen wollen. Dabei ist wichtig, zweierlei zu wissen. Ohne das dunkle, das verzehrende Feuer Gottes (wie oft ist vor allem in der hebräischen Bibel vom Feuer Gottes die Rede!) kann kein Licht und keine Wärme entstehen. Das Feuer ist stets der Ursprung. Dafür gilt es, in unseren Herzen eine Stätte zur Vereinigung dieser scheinbaren Gegensätze zu bereiten.

Die Urkraft

Wie Jutta Voss auf eindrucksvolle Weise ausfuhrt[43], wird der Umgang des patriarchalischen und dualistischen Christentums mit dem weiblichen Wildschwein am deutlichsten im Märchen vom tapferen Schneiderlein dargestellt. Dort wird das rasende Wildschwein durch das von ihm verfolgte Schneiderlein in eine Kapelle eingesperrt. Er selbst kriecht durch ein Fenster und rettet sich. Das Wildschwein bleibt im Märchen in der Kapelle - in der Kirche also - eingeschlossen.

Dass mit dieser Szene nicht eine tote Geschichte angesprochen wird, sondern etwas sehr Lebendiges, wird schon daran deutlich, dass im Volksmund bis zum heutigen Tag davon die Rede ist, »die Sau rauszulassen«, wenn über die Stränge geschlagen werden soll.

Nach allem, was wir wissen, ist es die weibliche Urkraft, die durch das Wildschwein symbolisiert wird. Darüber hinaus wissen wir aus der Geschichte, dass der Versuch, mit der Methode des Märchens mit dieser Kraft umzugehen, zum Scheitern verurteilt ist. Das beweisen nicht nur die Hexenverbrennungen des Mittelalters und die seelischen Schäden, die der Zölibat bis heute anrichtet. Das beweisen auch die Verge-

---

43 Jutta Voss, Das Schwarzmond-Tabu, Stuttgart 1991

waltigungen, die alltäglich bei uns geschehen, ob im einzelnen in unserer scheinbar friedlichen Gesellschaft oder in großer Zahl, wie an den grässlichen Berichten aus dem ehemaligen Jugoslawien deutlich wird.

Der Drache scheint als Symbol für den christlichen Mann eine ähnlich fatale Rolle zu spielen wie das Wildschwein. Er ist als Bildgeschichte sehr viel älter als das Märchen vom tapferen Schneiderlein und taucht in vielen Überlieferungen auf. Dabei ist erstaunlicherweise zu erkennen, dass der Drachen im westlichen Empfinden für das Böse steht. In Asien ist das ganz anders.

Für die deutsche Kultur spielt der Drachen in der Siegfriedsage eine wesentliche Rolle. Sie zeichnet sich beim Vergleich mit anderen Drachengeschichten vor allem dadurch aus, dass Siegfried sich nach dem Sieg über das Untier mit Drachenblut beschmiert und dadurch unverwundbar wird – bis auf eine Stelle auf dem Rücken. Sein Ideal ist die Unverwundbarkeit, die Unbesiegbarkeit. Doch das bleibt eine Illusion, wie die weitere Geschichte zeigt. Siegfrieds Frau Kriemhild erzählt Hagen von dem »wunden Punkt«, und er nutzt diese Stelle, um ihn hinterrücks zu erstechen.

Für die Illusion der Unverwundbarkeit opfert Siegfried die Empfindsamkeit Seiner Haut. Seine Berührungsfläche mit der Außenwelt wird abgestumpft. Er wird dadurch recht eigentlich zu einem Unmenschen mit Eigenschaften des Bekämpften und Besiegten. Alles in allem wohl keine nachahmenswerte Geschichte.

Die Urkraft

Und doch ist Siegfried immer noch Vorbild für unsere Machteliten. Um ihre Aufgaben nach den gängigen Werten und Maßstäben zu bewältigen, versuchen sie, »die Dinge nicht an sich heranzulassen«, etwa das Schicksal der Menschen, das sie beeinflussen, nicht wahrzunehmen und nur aus der sicheren Entfernung von hierarchischen Abständen zu registrieren, sogenannten Sachzwängen und Zahlen statt menschlichen Gesichtern.

In den wichtigsten mir bekannten Drachengeschichten bewacht der Drache einen Schatz in einem unterirdischen Raum, meistens einer Höhle – der Hölle oder dem dunklen Schoß der Mutter Erde? Er übt ein Schreckensregiment über die Bewohner der Gegend aus und muss durch regelmäßige Menschenopfer (meist Jungfrauen) besänftigt und zufrieden gestellt werden. Seine Herrschaft kann nur dadurch überwunden werden, dass er von einem kriegerischen jungen Mann im Kampf besiegt wird. Allerdings zeigt sich dabei, dass für jeden abgehauenen Kopf ein neuer nachwächst, in manchen Geschichten gar mehrere. In der griechischen Sage sind es bei der Hydra sogar deren sieben. Durch Kampf ist der Drache fast nicht zu besiegen. Aber vielleicht sollte er gar nicht wirklich besiegt und vernichtet werden? Michael Ende jedenfalls scheint so zu denken, wenn er den Drachen sich bedanken lässt »dafür, dass ihr mich überwunden habt, ohne mich zu töten. Wer einen Drachen überwinden kann, ohne ihn umzubringen, der hilft ihm, sich zu verwandeln«. Michael Ende lässt seinen Drachen weiter sagen: »Niemand, der böse ist, ist dabei besonders glücklich, müsst ihr wissen. Und wir Drachen sind eigentlich nur so böse, damit jemand kommt und uns besiegt. Leider werden wir allerdings dabei meistens umgebracht. Aber wenn das nicht der Fall ist, ... dann geschieht etwas sehr Wunderbares ...«[44]

Also führt auch hier die gängige Methode der Vernichtung des bösen Feinds, von Mord und Totschlag zumeist, in den allerwenigsten Fällen zum gewünschten Ziel.

Schauen wir uns noch ein drittes Bild an, das mir den Verdacht nahelegt, als sei dem Judentum in seiner geistesgeschichtlichen Entwicklung schon vor Jahrtausenden eine heilsame Alternative zum vergeblichen „Kampf gegen das Wildschwein oder den Drachen aufgegangen, ein Kampf, den die meisten Menschen, ob allein oder gemeinsam mit anderen, bis zum heutigen Tag mehr oder weniger erfolglos führen.

Bei der Suche nach Beispielen von der Auseinandersetzung mit dem Dunklen ist das Bild der Versuchung Abrahams in mir aufgestiegen, für die meisten Christen zugegebenermaßen ein unzulässiger Vergleich mit dem Wildschwein oder dem Drachen.

Es ist die Geschichte von Abraham, der sich aufmachte, Gott seinen Sohn zu opfern. Die Person Abrahams ist schon deshalb von großer Bedeutung, weil er als der gemeinsame Stammvater der jüdischen, christlichen und moslemischen Religionen betrachtet wird. Darüber hinaus gilt der Berg Zion, nach der Überlieferung die Opferstätte Abrahams, als

---

[44] Michael Ende, Worte wie Träume, Freiburg 1991

Die Urkraft

das zentrale Heiligtum der Juden und der Moslems. Aber auch für das Christentum ist der Berg Zion ein Ort größter Heiligkeit. Es geht also um eine Geschichte von außerordentlicher Wichtigkeit für die westliche Menschheit.

Tatsächlich ist es ziemlich schaurig, was da überliefert wird. Der Bericht ist im Kern den Drachengeschichten verwandt: Abraham ist bereit, Gott seinen einzigen geliebten Sohn zu opfern, und macht sich auf, dieses schreckliche Ritual zu vollziehen. Erst im letzten Augenblick übermannt ihn eine Hemmung, und er schlachtet seinen Sohn nicht.

Was will die Geschichte wirklich sagen?

In der Bibel heißt es einfach[45]: »Als Isaak größer geworden war, wollte Gott Abraham auf die Probe stellen. ›Abraham‹, rief er. ›Ja, ich höre‹, erwiderte Abraham. ›Nimm deinen Sohn‹, sagte Gott, ›deinen einzigen, der dir ans Herz gewachsen ist, den Isaak! Geh mit ihm ins Land Morija auf einen Berg, den ich dir nennen werde, und bringe ihn mir dort als Brandopfer dar.‹«

Will Gott tatsächlich die Untat oder wenigstens die Bereitschaft dazu? Offenbart sich hier seine dunkle Seite (das Wildschwein oder der Drache?), oder ist es eine einfache Versuchungsgeschichte, an sich schon übel genug?

Nach unserem heutigen Verständnis hat Gott nicht mit hörbarer Stimme Abraham einen Auftrag erteilt und sich dabei so deutlich zu erkennen gegeben, dass der fromme, folgsame Abraham den Befehl nicht ver-

---

45 nach der Einheitsübersetzung

weigern konnte. Allerdings müssen wir bedenken, dass für Abraham eine Befehlsverweigerung sehr wohl denkbar gewesen wäre. Wir erinnern uns vielleicht an die frühere Geschichte, in der Gott Abraham vom seinem Plan erzählt, Sodom und Gomorrha zu vernichten. Abraham vollzieht das Unerhörte und stellt diese Entscheidung in Frage. Er erinnert Gott an seine Verantwortung: »Willst du wirklich Schuldige und Schuldlose ohne Unterschied vernichten? ... Du bist der oberste Richter der ganzen Erde, darum darfst du nicht gegen das Recht verstoßen.« Vergessen wir auch nicht, dass Isaak nicht der einzige Sohn war, nur der einzige wirklich geliebte. Der andere nämlich, Ismael, war mit Zustimmung Gottes verstoßen worden. Also auch hier wieder das Bild des verdrängten Dunklen.

Wer heute Stimmen hört, wird in die Psychiatrie eingeliefert. Er gilt als geisteskrank. Aber selbst wenn keine Stimmen gehört werden, so würde doch heute niemand wagen, ein inneres Drängen, seinen eigenen Sohn umzubringen, als göttlichen Auftrag auszugeben. Wie dem auch sei, jedenfalls ist ziemlich sicher, dass wir eine solche Denk- und Verhaltensweise entweder dem Teufel, einem Gegengott also, zuschreiben oder schlicht als geisteskrank beschreiben würden. Die dunkle Seite des einen Gottes dafür verantwortlich zu machen, dazu hätte kaum jemand den Mut.

Angesichts der schrecklichen Verbrechen, die vielerorts im Namen Gottes und der Religion verübt werden, ist eine solche Denkweise natürlich auch höchst gefährlich. Aber sie einfach der Bosheit der Menschen

Die Urkraft

und/oder des Satans als Gegengott zuzuschreiben, löst das Problem nicht, sondern verschärft es. Jedenfalls verüben die dualistischen Fundamentalisten und Fanatiker all diese Gräueltaten, während es bei Abraham nicht zur entscheidenden Tat kam. Die einen stempeln das Dunkle als dämonisch ab und projizieren es nach außen auf irgendeinen von ihnen so bestimmten Sündenbock, den sie dann bekämpfen. Die anderen, Abraham und seine geistigen Kinder, erkennen das Dunkle als etwas Ureigenes und als etwas geheimnisvoll-schrecklich Göttliches, verfallen ihm am Ende aber nicht. Vielmehr wird das Dunkle verwandelt durch einen ebenso geheimnisvollen Prozess, bei dem das Leiden an dem Konflikt zwischen der Wirklichkeit und dem Ziel der Sehnsucht den Menschen nicht nur zum Schmelztiegel des Konflikts macht, sondern auch zum Ort, an dem die Liebe des transzendenten Gottes schließlich alles überflutet und die Befreiung, den geistigen Fortschritt des Menschen und des einwohnenden Gottes, ermöglicht.

Die göttliche Urkraft ist sowohl eine bremsende, erschwerende als auch eine drängende, treibende, wie ein Bogen mit aufgelegtem Pfeil immer weiter gespannt wird, bis die gesammelte Spannkraft ausreicht, den Pfeil zu seinem Ziel zu treiben. Dann erst wird der Pfeil gelöst. In unserem Bild ist der Mensch Bogen und Pfeil zugleich. Die göttliche Urkraft spannt den Bogen, zieht also zunächst scheinbar in die falsche Richtung, löst dann aber im richtigen Moment den Pfeil, der dann in die »richtige« Richtung fliegt.

Der Ort der Auseinandersetzung, des Versuchs der Integration, der Koexistenz der Gegensätze und schließlich auch des Wunders ist also die eigene Brust, das eigene Herz, die eigene Seele. Das Entscheidende dabei ist, dass Hoffnung besteht, die innere Auseinandersetzung nicht als gewalttätigen Konflikt zerstörerisch statt heilsam weder nach innen noch nach außen zu tragen.

Vermutlich - das heißt für unsere heutige Betrachtungsweise - haben Abraham verschiedene Gedanken geplagt und nicht losgelassen. Die Überlieferer der Geschichte setzen als deren Quelle kühn Gott selbst an, ein mutiger Schritt, der uns zu denken geben sollte.

Zweierlei Gedanken tauchen dabei als Möglichkeit auf:

Zum einen wird sich Abraham wohl gefragt haben, ob es auch seine Pflicht sei, seinen Erstgeborenen zu opfern, wie dies offensichtlich damals in dieser Region üblich war, auch wenn dadurch die Verheißung von Nachkommen und damit die Erwartung der Fortsetzung seines Wegs in Frage gestellt würde. Mit solchen Gedanken setzte er sich mit dem gängigen Brauchtum auseinander, ein Brauchtum, das allerdings mehr war als das, was wir uns heutzutage darunter vorstellen, nämlich etwas, das mit einem inneren Zwang verbunden war, einem Zwang, dem sich jedermann ohne großes Nachdenken unterwerfen musste, sei das Opfer noch so groß.

Ist ein solcher Zwang eine Manifestation des dunklen, einwohnenden Gottes?

Die Urkraft 95

Diese Frage wird in der Überlieferung eindeutig positiv beantwortet. Der innere Zwang wird gleichgesetzt mit der Stimme Gottes.

Die andere Gedankenreihe liegt unserem Verständnis näher, hängt aber mit der erstgenannten zusammen. Es geht darum, dass die Alten die Jungen opfern um selbst zu überleben. Das ist bis heute in jeder kriegerischen Auseinandersetzung zu beobachten, wo die (jungen) Soldaten von den (älteren) Generälen und Politikern in den Krieg und in den Tod geschickt werden, letztlich um sich für diese zu opfern - vordergründig, um diese vor den Feinden zu schützen, hintergründig und wohl auch tiefenpsychologisch, um durch ihren Tod den anderen Leben zu schenken, genauer gesagt ein Weiterleben, das deren Angst vor dem Sterben wenigstens kurzzeitig unterdrückt. Das ist ein Bild, eine Empfindung, die auch in den gängigen christlichen Vorstellungen vom Sinn des Todes Jesu am Kreuz mitschwingt.

Da auch die Opferung des Erstgeborenen letztlich zur Besänftigung der Gottheit und damit zur Rettung der Älteren diente (ähnlich wie bei den Drachengeschichten), haben beide Gedanken dieselbe Wurzel, nämlich eine egoistische: die Besänftigung Gottes zur Rettung des eigenen Lebens. So stellt sich die Geschichte vom Standpunkt des Menschen aus dar.

Vom Standpunkt Gottes (natürlich letztlich vom Standpunkt des menschlichen Beobachters) aus stiftet Gott den Menschen an, seinen Sohn zu opfern, um Gott, also sich selbst, zu besänftigen oder zu versöhnen, wie es in der griechischen Bibel heißt, in der dieselbe Geschichte mit den Berichten über das Leben und Sterben Jesu groß und überhöht wiederholt wird, wenn auch mit anderem Ausgang. Während in der hebräischen Bibel das Menschenopfer nicht vollzogen wird, geht der griechischen Bibel zufolge Jesus den Weg des Opfers bis zum bitteren Ende am Kreuz.

Martin Buber sagt, dass die Geschichte von der nicht vollzogenen Opferung Isaaks für den Judaismus die endgültige Abkehr vom Menschenopfer dokumentiert. Das Bewusstsein des Menschen im gängigen Christentum hat sich noch nicht so weit entwickelt. Jedenfalls spielt der Opfergedanke bei der Vorstellung vom Sinn der Kreuzigung Jesu für die meisten Christen immer noch eine zentrale Rolle.

Zurück zu unserer Geschichte und unserer Spekulation über die Gedanken Abrahams, die ihn so weit gebracht haben, dass er sich trotz seiner früher bewiesenen Skepsis, was Gottes Willen anlangt, mit seinem Sohn auf den Weg zu dessen Opferung gemacht hat.

Er handelte unter innerem Zwang, überwältigt von dem Gedanken, die Opferung sei Gottes Willen, sei unausweichlich. Es muss ein Weg durch die Hölle gewesen sein: drei Tage unterwegs, ohne seinen Begleitern irgendeine nähere Erklärung zu geben, letztlich mit sich, seinen Fragen und Zweifeln, seiner inneren Qual allein. Dann am Opferaltar der grauenvolle Augenblick der Wahrheit, in dem Isaak endgültig begriff, dass er selbst das Opfer sein sollte, und er daraufhin seinem Vater in die Augen blickte. Dieser erschütternde Moment dürfte die Wende ausgelöst haben. Die Kraft dazu kam wohl von der alles über-

Die Urkraft

wältigenden göttlichen Liebe - der Liebe Abrahams zu seinem Sohn, der Liebe zum Leben schlechthin, die stärker wurde als die Bereitschaft zum Töten.

In der hebräischen Bibel ist zwar von einem Engel die Rede, der Einhalt gebot. Eigenartigerweise kam die Botschaft nicht direkt von Gott. Vielleicht wurde er überrascht durch die unerwartete Entwicklung und grollte, weshalb er nur einen Boten schickte. Die Erfahrungen mit Gott in der vorhergehenden Geschichte von dem Handel zwischen Gott und Abraham wegen Sodom und Gomorrha lassen diese Möglichkeit zu. Die Berichterstatter scheinen dies nicht auszuschließen. Jedenfalls kann es nicht ohne Bedeutung sein, dass Gott dem Text zufolge den Auftrag selbst gibt, sich damit also uneingeschränkt identifiziert, für den Widerruf aber nur einen Engel schickt, sich damit also nicht uneingeschränkt identifiziert. Einmal mehr scheint der aus dem allgemeinen Bewusstseinszustand heraus ragende Mensch empfindsamer und barmherziger zu sein als der einwohnende Gott, dessen Bewusstsein dem der Allgemeinheit entspricht. Das könnte bedeuten, dass dieser Mensch zum Ort wird, an dem, genauer gesagt, in dem die Höherentwicklung des einwohnenden Gottes sich vollziehen will und muss.

Um von Rupert Sheldrake auszugehen, wäre wohl festzustellen: Das morphische Feld jener Zeit war die gängige Überzeugung, zur Besänftigung der Gottheit muss das Erstgeborene geopfert werden. Dieses morphische Feld ist das Gewand der einwohnenden Gottheit, ja vielleicht gar seine Gestalt, jedenfalls das

Gefängnis von Verhaltensformen, das sich Gott mit der Inkarnation in seiner Schöpfung selbst auferlegt. Die Befreiung aus diesem Gefängnis kann nur erfolgen durch neue morphische Felder, die in der Brust des Menschen Gestalt gewinnen. Abraham ringt sich durch zu der Erkenntnis, dass der kosmische Gott der unendlichen Liebe dieses Opfer nicht will, nicht braucht. Das ist die »latente Möglichkeit«, von der Sheldrake spricht. So entsteht ein neues morphisches Feld, ganz schwach nur, weil nur von einem Menschen gegen eine breite Mehrheit anderer gedacht und am Ende auch verwirklicht. Das alte morphische Feld, der einwohnende Gott selbst, scheint sich zu wehren, schickt sich - bildlich gesprochen - zähneknirschend in die Veränderung, spricht deshalb nicht selbst, sondern sendet nur einen Boten.

Heute würden wir wohl sagen, der Engel stellte das Ergebnis der inneren Erschütterung Abrahams dar, die dies in Frage stellte und zu einem anderen als dem geplanten Schluss führte. Im entscheidenden Moment wurde der innere Zwang zum Töten von der Liebe zum Leben verwandelt. Abraham schlachtete seinen Sohn nicht, und nie mehr nach ihm wurde im Judentum ein rituelles Menschenopfer gebracht. Im Judentum war sich der Mensch von da an sicher, dass Gott das nicht will, nicht braucht. Die meisten Christen glauben das bis heute nicht. Umgekehrt ausgedrückt: Der im Judentum einwohnende Gott wurde durch diese Geschichte um einen wesentlichen Schritt auf dem Weg zur Vereinigung mit seiner kosmischen Seite der unendlichen Liebe vorangebracht, der latenten Möglichkeit nämlich. Deshalb ist es nicht ver-

Die Urkraft

wunderlich, dass Abraham für das Judentum zum Symbol der Gnade, des Mitleidens und der Liebe geworden ist.

Vermutlich ist die vor den Kriegen gegen die Weißen herrschende Sitte der nordamerikanischen Indianer, in den Auseinandersetzungen mit anderen Stämmen den Feind nicht zu töten, sondern einen Coup zu landen oder ihm die Skalplocke abzuschneiden, auf etwas Ähnliches wie die Abraham-Erfahrung zurückzuführen. Vielleicht hat auch bei den europäischen Rittern ein vergleichbares Ritual gegolten. Bedauerlicherweise ist das alles durch die Einführung weitreichender Waffen bis hin zu den »modernen« Massenvernichtungsmitteln verschüttet worden. Die erschütternde Erfahrung der Begegnung von Angesicht zu Angesicht wurde damit ausgeschlossen, damit auch die Möglichkeit einer dadurch ausgelösten inneren Wende, einer Umkehr. Weitreichende Waffen stellen, wie diese Geschichte zeigt, eher eine Fluchtreaktion dar, durch die eine solche Begegnung bewusst oder unbewusst verhindert werden soll. Dass damit der Mensch nicht nur in seiner geistigen Entwicklung blockiert wird, sondern sogar seelisch verkrüppelt, bleibt unbeachtet, obwohl dies doch für uns alle von außerordentlicher Wichtigkeit wäre. Insofern ist der Einsatz weitreichender Waffen der Siegfriedreaktion zu vergleichen.

Erfreulicherweise, wenn auch leider nur einmalig und von beschränkter Dauer, hat sich ein Volk einmal dazu aufgerafft, die bereits eingeführten Feuerwaffen wieder abzuschaffen, weil deren Verwendung mit der

Würde, dem Wesen und dem Weg des Menschen nicht zu vereinbaren sind. Es waren erstaunlicherweise die Japaner, die sich dazu durchgerungen hatten. Nachdem die Portugiesen Feuerwaffen dort eingeführt hatten, wurden diese zwar lange Zeit Verwendet. Die technischen Voraussetzungen dafür waren vorhanden: Gießerei und Schmiedekunst waren schon damals hoch entwickelt. Trotzdem wurden Feuerwaffen schließlich auf den rituellen Einsatz reduziert in ähnlicher Weise, wie die Chinesen das Schießpulver jahrhundertelang zwar kannten und verwendeten, nicht aber für kriegerische Zwecke. Bedauerlicherweise führte die im neunzehnten Jahrhundert vollzogene Öffnung Japans für den Westen zur Rückkehr zu westlicher Technologie und westlichem Denken, was - wie wir alle wissen - geradezu zu einem Ausbruch von Kolonialismus und Imperialismus zunächst in militärischer, heute vor allem in wirtschaftlicher Form in »bester« westlicher Denkweise führte.

Was ist für unser tägliches Leben und vor allem für unseren Umgang mit der dunklen Seite Gottes, mit dem Wildschwein oder dem Drachen, daraus zu lernen?

Entscheidend scheint mir zu sein, dass Abraham zunächst seinem inneren Zwang folgt und in die innere Hölle hinabsteigt. Wenn ich mich richtig erinnere, heißt das in der modernen Psychologie die »paradoxe Intervention«. Er begibt sich auf den Weg, der dem Anschein nach zur eigenen Zerstörung führt. Aber nur dieser Weg führt zu der entscheidenden Szene der Wahrheit, dem Blickwechsel des Erkennens zwischen Vater und Sohn; ein Blickwechsel, der nicht nur grauenvoll, sondern auch heilsam war, was immer er an seelischem Schaden und Vernarbungen beim Vater und beim Sohn hinterlassen haben mag. Illusionen über Gott und Mensch werden sie beide jedenfalls hinterher nicht mehr gehabt haben, obwohl es noch einmal gut gegangen war. Für einseitige Vorstellungen vom »lieben« Vater und vom »lieben« Gott blieb nach dem schrecklichen Erlebnis kein Raum, dafür war ihnen das Grauenvolle zu nahe gekommen. Aber das Grauenvolle wird als Möglichkeit des Menschen, als eigene Möglichkeit und als Möglichkeit Gottes angenommen, integriert und verwandelt. Die Geschichte des rituellen Menschenopfers wird für das Judentum zu Ende gebracht, bedauerlicherweise nicht für die Menschheit ganz allgemein, wie nicht nur die Hexenverbrennungen, der Holocaust, die schwarzen Messen und unsere Verkehrsopfer tagtäglich beweisen. Der Weg ist also noch nicht zu Ende, auch wenn die nötigen Schritte für jedermann deutlich zu sehen sind.

Vielleicht wird der Endpunkt des Wegs nie erreicht. Ein solcher Endpunkt wäre die Stunde des kosmischen Messias. Leibowitz sagte, bei seiner Betrachtungsweise wohl mit Recht: »Der Messias, der gekommen ist, ist nicht der Messias.«[46] Für Gandhi aber war der Weg das Ziel. In diesem Sinn ist Jesus der Messias, denn er hat nicht nur den Weg gezeigt; er ist ihn selbst auch gegangen. Das heißt, es geht zwar um eine »Koexistenz der Gegensätze«, wie der

---

46 Leibowitz, Gespräche über Gott und die Welt, Frankfurt 1990

Ferne Osten es lehrt, aber es sollte eine dynamische und nicht eine statische Koexistenz sein, die auf eine Veränderung des Menschen und des einwohnenden Gottes abzielt - um bei der Geschichte Abrahams zu bleiben: um eine Entwicklung, die beim Menschen erreichen will, dass er nicht mehr glaubt, er oder Gott brauchten das Opfer anderer Menschen, und die auf diese Weise den einwohnenden Gott aus diesem Gefängnis befreit.

Die angestrebte Veränderung darf aber nicht dem Machbarkeitswahn verfallen. Schließlich geht es nicht nur um eine Veränderung des Menschen und des einwohnenden Gottes, sondern eben, weil es um beides geht, um eine Veränderung mit Hilfe göttlicher Energien und wohl auch nach göttlichem »Zeitplan« im Sinne einer Verwirklichung Von latenten Möglichkeiten, wie dies auch das jesuanische Bild vom Weizenkorn als Samen zeigt. Es geht um eine eigenartige Verbindung von »Wollen durch Nicht-Wollen«, wie es bei Lao Tse heißt, also um eine tatkräftige Unterstützung von Wachstums- und Reifeprozessen, die es eher intuitiv zu erahnen gilt, als sie energisch planerisch voranzutreiben. Jedenfalls geschieht zumindest eben so viel mit uns, wie durch uns geschehen will und soll. Es geht deshalb wohl mehr um ein »Laisser-être« als um ein »Laisser-faire«. Die ideale Verhaltensweise wäre erreicht, wenn wir, bildlich gesprochen, genau dann nach einem reifen Apfel greifen, wenn er sich vom Baum lösen will, nicht früher, dann wäre er noch nicht voll ausgereift, und auch nicht später, weil er dann schon als Fallobst auf dem Boden läge.

Die Urkraft

Nach all dem scheint es zweierlei zu brauchen: zum einen die anfängliche Bereitschaft, sich den bestehenden morphischen Feldern zu unterwerfen, also auch entsprechend den eigenen Prägungen und Verhaltensmustern. Das entspräche dem Auftrag Gottes und der Bereitschaft Abrahams zum Opfer. Zum anderen die Bildung neuer morphischer Felder, durch welche die latenten Möglichkeiten verwirklicht werden. Das entspräche dem Einspruch des Engels und der Einsicht Abrahams, dass die Zeit des rituellen Menschenopfers vorbei ist und dass es entsprechend zu handeln gilt. Aber der Weg zum Ziel führt über die Anerkennung der vorhandenen Wirklichkeit als einer Wirklichkeit des Menschen und des einwohnenden Gottes.

Es braucht also beides. Zum einen den Gehorsam dem früheren Auftrag gegenüber - das ist es, was die institutionalisierten Kirchen als Nachfolger der etablierten Priesterschaft zu ihrer Hauptaufgabe machen. Zum anderen aber auch die ständige Auseinandersetzung um die Verwirklichung der latenten Möglichkeiten, also des inneren Potentials - das ist die prophetische Aufgabe der Frage nach dem Willen Gottes, der Suche nach den göttlichen Visionen für die irdische Wirklichkeit. Sie ist genauso wichtig. Ohne die Herausforderung durch die Suche nach Erneuerung neigt das eine zur Erstarrung in überkommenen Formen und Verhaltensnormen und damit zum Absterben und zum Tod. Dem anderen droht der Wildwuchs der Sektiererei.

Es bleibt noch der Versuch, einsichtig zu machen, was das Wildschwein, der Drache und die Geschichte von Abraham und Isaak miteinander zu tun haben. Die Verknüpfung dieser drei Bildergeschichten ist logisch schwer zu begründen. Sie hat sich mir von innen aufgedrängt. Aber ich will trotzdem versuchen, eine Begründung zu liefern, wenn auch vielleicht, eine fadenscheinige.

In allen drei Fällen geht es für mich um die Frage des Umgangs mit der dunklen Seite des Menschen und Gottes, um den Weg der Befreiung des Menschen und Gottes, der die »dynamische Koexistenz der Gegensätze« voraussetzt. Für mich ist es also letztlich dasselbe, ob wir es mit dem inneren Wildschwein zu tun haben, dem inneren Drachen oder unserer Bereitschaft, um unserer eigenen Schein-Zukunft willen dem einwohnenden Gott unsere wirkliche Zukunft, »den Sohn«, zu opfern. Immer geht es darum zu lernen, auf die richtige Weise damit umzugehen.

Aber was heißt das: auf die richtige Weise damit umzugehen?

Die Geburt

So wie heute in den Kirchen die Geburt Jesu gefeiert wird, kann ich nicht viel damit anfangen, und ich kenne viele Menschen, vor allem, jüngere, denen es ebenso zu gehen scheint. Ich will deshalb versuchen herauszufinden, was mir Weihnachten als Ausgangspunkt des Christentums konkret bedeutet, auch wenn das Ergebnis dieses Suchens nichts weiter ist als etwas Subjektives, Individuelles, das nicht notwendigerweise anderen wesentlich ist, es sei denn als Anstoß, sich selbst Klarheit darüber zu verschaffen, was von dem Überkommenen als individuelle Wahrheit »heilsam«[47] werden könnte.

Zunächst ist wichtig zu wissen, dass - wie schon an anderer Stelle ausgeführt[48] - der Feiertag der Geburt Jesu auf den 25. Dezember verlegt wurde. Ursprünglich war es das Erscheinungsfest, der Tag, der auch heute noch in der Ostkirche als Geburtstag Jesu gefeiert wird. Durch die Verlegung auf den 25. Dezember wurde das Jesusbild vereinigt mit der Vorstellung vom römischen Sonnengott Sol Invictus, dem Unbesiegbaren, dessen Feiertag in die Zeit der Wintersonnenwende fällt. Dieser symbolisch hochbedeutsame Schritt besiegelte die Verwandlung des jüdischen

---

47 siehe auch »Die heilsame Alternative«, Wuppertal 1989
48 ebenda

Messias, Inbegriff des leidenden, dienenden Gottesknechts, in den griechisch-römischen Christus. Der eine endete schändlich am Kreuz und zählt zu den Gescheiterten, und das bis zum heutigen Tag, wie auch die Geschichte des Christentums zeigt, auch wenn er nicht unter den Toten blieb. Der andere ist ein Siegertyp, von dem es in einem Choral heißt: »Jesus Christus herrscht als König ...«

Der eine ist so etwas wie ein Gegenspieler des Caesaren oder, besser gesagt, »die heilsame Alternative«, der »die römische Machtteufelei« (Carl Gustav Jung) entlarvt; der andere übernimmt nicht nur die Insignien der Caesaren, er wird zu ihrem Nachfolger, der die Geschichte der Kirche durch die Jahrhunderte hindurch sowohl in der historischen Auswirkung als auch in ihrem dogmatischen Lehrgebäude mit dem caesarianischen Stempel prägt.

Der eine bringt die Pflänzlein eher der weiblichen Seite zuzuordnender Traditionen wieder zum Erblühen, wie etwa Gewaltfreiheit und Machtverzicht; der andere wird zum ehernen Pfeiler patriarchalischer Herrschaftsstrukturen, für den Kreuzzüge und andere Glaubenskriege ebenso wie Hexenverbrennungen und die Ausrottung unbequemer Minderheiten nicht mehr sind als »die Fortsetzung der Politik mit anderen Mitteln«.

Der eine erkennt, dass Gott »über Guten und Bösen die Sonne scheinen lässt«, und empfiehlt, im Umgang mit Zwang und Gewalt »eine zweite Meile mitzugehen«, das heißt das kraftvoll bewusste, nicht schwächlich-unbewusste Nachgeben, das den Dialog sucht und nicht nach unmittelbarem Erfolg und Ergebnis schielt, sondern den anderen (und das Dunkle) gelassen und verständnisvoll seinen eigenen inneren Weg der Veränderung gehen lässt und dabei nicht selten schmerzlich erfahren muss, dass die nötige Veränderung länger dauert als erhofft. Der andere ist dualistisch und denkt »hie gut, dort böse«. Die Rechtfertigung »gerechter« Kriege fällt ihm deshalb nicht schwer. Er übersieht, dass das sogenannte Böse nicht nur außen, sondern auch innen ist und dass nach Martin Buber »der archimedische Punkt für die Veränderung der Welt die Veränderung seiner selbst ist.«

Mir wird klar, dass ich mit einem Weihnachten als Feier der Geburt des Christus, des griechisch-römischem Sonnengotts mit jüdisch-messianischer Verbrämung, nichts zu tun haben will, möge diese Vorstellung noch so weit verbreitet sein. Aber sie muss doch wohl als eine Verirrung erkennbar werden.

Vielleicht lässt sich das herausschälen.

Beginnen wir mit dem zentralen christlichen Anspruch, der Menschwerdung Gottes in Jesus.

Im tiefsten Dunkel, nämlich der langen Nacht des Winters, wird Gott als Mensch geboren. Nicht in der Finsternis des Satans, des Gegengottes, sondern in der Finsternis, die ebenso Gottes ist wie das Licht. Diese Finsternis mag zwar das Satanische verkörpern, aber Satan ist nach der hebräischen Bibel einer der Söhne Gottes, also die dunkle Seite des göttlichen Wesens. Die hebräische Bibel und mit ihr der Judaismus kennen nur einen Gott und nicht einen hellen, guten und einen dunklen, bösen, nämlich den Teufel, wie das gängige Christentum. Schon ihr wichtigster Merksatz »Höre, Israel, ER unser Gott, ER einer« macht das deutlich. Demnach gibt es nur einen Gott, dem alles, was wir an Göttlichem (oder auch Widergöttlichem) zu erfahren glauben, zugeschrieben werden muss. Ihr Monotheismus ist konsequent bis hin zu der erschreckenden Einsicht, dass Gott für unsere Wahrnehmung auch eine dunkle Seite hat. Wie Carl Gustav Jung in seinem Buch »Antwort auf Hiob« deutlich macht, führt die Erkenntnis des Menschen von der dunklen Seite Gottes zunächst zu großer innerer Beunruhigung, dann aber zur Einsicht, dass Gott Mensch geworden ist, dass Gott nicht nur Täter, sondern auch Opfer unseres Schicksals ist. Dieses Schicksal wird uns also nicht nur von Gott auferlegt; er trägt es mit. Mit uns zusammen leidet er daran.

Beide Einsichten gehören zusammen. Insofern ist die Menschwerdung Gottes und damit auch das Weihnachtsfest ohne die Hioberfahrung von seiner dunklen Seite wenn nicht völlig sinnlos, so doch ohne furchtbare und fruchtbare Spannung.

Ob beide Punkte, die Einsicht, dass Gott Täter ist, und die Einsicht, dass Gott durch seine Menschwerdung gleichzeitig auch Opfer wird, historisch festzumachen sind, ist für viele eine offene Frage. In der jüdischen Geschichte wird der hebräischen Bibel zufolge der erste Punkt immer wieder angesprochen. Im Buch Hiob wird er konsequent zu Ende gedacht, und die Tiefe des dadurch offenbar werdenden menschlichen Elends bricht schonungslos auf: Der Mensch ist von Gott verfassen, er ist sein Spielball.

Die Geburt

Die Antwort darauf erfolgt für den Christen mit der historisch festzumachenden Geburt Jesu, mit der sich die Menschwerdung Gottes vollzieht.

Bedauerlicherweise wurde diese Geschichte mit vielerlei nichtjüdischen Vorstellungen überfrachtet. Dies hat zwar ihre Verbreitung im griechisch-römischen Kulturraum gefördert, den frommen, monotheistischen Juden bis heute im wesentlichen aber ausgeschlossen.

Für den frommen Juden taucht das Bild vom Mensch gewordenen Gott geschichtswirksam meines Wissens erst mit der Kabbala auf, auch wenn die Wurzeln davon bis in die vorchristliche Zeit zurückreichen. Vom einwohnenden Gott, der weiblichen Schechina, ist zwar erst vom Mittelalter an die Rede, aber ihre Verwandtschaft mit der vorchristlichen Sophia, der Weisheit, und der Ruach, dem heiligen Geist, ist unübersehbar.

Die Schechina begleitet den Menschen ins Exil der diesseitigen Welt. Wie ausführlich beschrieben, berichtet Elie Wiesel aus dem Konzentrationslager, wo er miterleben muss, wie ein gehenkter Junge nicht sterben kann. Auf die Frage, wo in dieser schrecklichen Situation eigentlich Gott sei, erfahrt er in seinem Innern, dass Gott da am Galgen hängt.

Für die jüdisch-christliche Überlieferung ist das menschliche Bewusstsein, das in Gott sowohl Täter als auch Opfer des menschlichen Schicksals sieht, spätestens seit etwa tausend Jahren offenbar. Juden und Christen können ihre Schicksalsschläge zunächst wie Hiob klagend und anklagend wahrnehmen, um sie dann wohl leichter anzunehmen mit der tröstlichen Einsicht, dass sie nicht allein sind in ihrer Not, sondern dass Gott mit ihnen leidet. Nicht als ein Licht in der Finsternis, in der Gott das Licht ist und der Mensch die Finsternis, sondern dass Gott - um bei diesem Bild zu bleiben - auch die Finsternis ist, so wie es in einem Psalm heißt: »Und bettete ich mich in die Hölle, siehe, so bist Du auch da.« Als integrierender »Bestandteil«!

Weiter ist wichtig zu wissen, dass der Ort der Menschwerdung nicht die Welt der Elite, sondern der Randständigen ist, der Armen und Obdachlosen, also das dunklere Ende der gesellschaftlichen Skala. Die Menschwerdung Gottes oder seine Einwohnung gilt für jeden, ja sogar in erster Linie für die Dunklen. Da gibt es kein Vertun, auch wenn das Christentum heute vor allem eine Religion des gehobenen Mittelstands ist, in den christlichen Ländern selbst und meist auch in der übrigen Welt.

Dann beschäftigt mich noch ein Punkt, der für den an die christliche Überlieferung Gebundenen die ganze Geschichte der Menschwerdung Gottes in Frage stellt: die Jungfrauengeburt.

Wer an die Jungfrauengeburt glaubt, für den ist Jesus zumindest ein Halbgott, von Gott gezeugt, von einem Menschen geboren. Das bedeutet, dass die Menschwerdung nur bruchstückhaft, nämlich höchstens zur Hälfte, vollzogen ist. Sie ist erst vollständig, wenn auch der Vater unbestritten ein Mensch war. Ja, wenn niemand ausgeschlossen werden soll wegen eines minderen gesellschaftlichen Status, dann würde dies bedeuten, dass Jesus ein uneheliches Kind gewe-

Die Geburt

sen sein muss und seine Mutter alles andere als eine »unbefleckte Jungfrau«.

Dass dies schon in der Zeit der Evangelien ein Streitpunkt gewesen ist, geht aus der Tatsache hervor, dass mit großem Aufwand für Jesus eine Ahnenreihe vorgestellt wird (im übrigen nicht einmal eine einheitliche), die nur dann einen Sinn hätte, wenn er nicht von Gott oder dem Heiligen Geist gezeugt wurde, sondern einen Vater hatte, dessen Name am Ende dieser Reihe steht.

Da diese Frage im Christentum noch nicht eindeutig aufgearbeitet und beantwortet ist, bedeutet dies, dass die Menschwerdung Gottes im Menschen schlechthin, also in jedem von uns, im allgemeinen Bewusstsein des Christentums noch nicht akzeptiert und vollzogen ist. Damit auch nicht die unmittelbare Erfahrung Gottes in einem jeden und konsequenterweise der unmittelbare Zugang eines jeden zu Gott. Zwar heißt es in dem bereits zitierten Weihnachtslied von Angelus Silesius: »Wäre Christus tausendmal in Bethlehem geboren und nicht in dir, so wärst du doch verloren.« Das aber ist bis heute nicht die allgemeine Einsicht, das allgemeine Bewusstsein.

Es scheint, als trauten wir uns bislang ganz einfach nicht, den Gedanken der Menschwerdung, des Menschseins Gottes in uns so weit zu Ende zu denken, dass wir ihn wirklich mit Leib und Seele, als Innerstes unserer eigenen Person, wahrzunehmen und anzunehmen vermögen. Der christlichen Geschichte nach zu schließen, ist das außerordentlich schwierig. Jesus, Maria und auch die Heiligen gelten nach wie vor als Mittler für unsere Gottesbeziehung, die für uns unverzichtbar sind. Wie das alte Gebet »Heilige Maria, bitt' für uns arme Sünder...« zeigt, hängt das wohl vor allem mit unserem Sünderbewusstsein zusammen und mit unserer fehlenden Vorstellung von der dunklen Seite Gottes, denn für das gängige Christentum ist Gott gut und der Mensch böse.

Die Mohammedaner, die Muslime, scheinen in diesem Punkt einen weiteren Schritt der geistigen Entwicklung getan zu haben. Ihr Religionsstifter Mohammed gilt uneingeschränkt als Mensch, als Prophet. Auch ist ihm die Sünde nicht fremd.

Am Ende der Bewusstseinsentwicklung mit der Vorstellung von Gott als Täter und Opfer des menschlichen Schicksals steht die Gemeinschaft des Menschen mit Gott, die unauflösliche Einheit, steht der göttliche Mensch, für den Christen der Mensch, der Jesus gleicht. Das ist der Mensch auf dem Weg der Vereinigung der göttlichen Kräfte von oben und von unten, die sein Leben in einem großen Spannungsbogen furchtbar und fruchtbar zugleich machen.

Damit wird das zweite Wesentliche der Weihnachtsgeschichte deutlich: Die Geburt des neuen Menschen.

Aus der jüdischen Tradition heraus, die insbesondere bei den Propheten deutlich wurde, sieht die christliche Jesus-Vorstellung, soweit sie sich den jüdisch-messianischen Bildern öffnet, den »ersten neuen Mann«, wie Franz Alt Jesus in seinem gleichnamigen Buch nennt, nämlich einen Menschen, der die eingangs beschriebenen Eigenschaften und damit eine heilsame Alternative zu dem caesarianischen Idealbild darstellt und von warmherzigem Wohlwollen

Die Geburt

für alles Lebendige geprägt ist. Ob dies historisch wirklich alles so gewesen ist, werden wir nicht wissen. Die Evangelisten beschreiben Jesus aber so, und sein Bild leuchtet durch die Jahrhunderte auf eine Weise, die sich durch alle Verzerrungen und Verniedlichungen nicht verdunkeln ließ und die seinem Menschsein göttliche Qualität verleiht, und zwar aus einer archetypischen Tiefe heraus, für die historische Einzelheiten letztlich nebensächlich werden.

Allerdings ist mit der Geburt und dem Leben Jesu der Prozess der Menschwerdung Gottes nicht abgeschlossen. Zum einen wird er in jedem Menschen fortgesetzt, wodurch Jesus »zum ersten unter den Menschenkindern« wird. Das ist schon schwierig genug zu akzeptieren, weil dadurch vieles der christlichen Lehre entwertet oder gar für falsch erklärt wird (etwa seine oben beschriebene Mittlerrolle). Das zweite aber ist noch problematischer. Unser Jesusbild stellt nämlich nur die helle, die (vordergründig) gute Seite Gottes dar. Die dunkle Seite Gottes bricht zwar in der Versuchungsgeschichte unmittelbar vor Beginn des öffentlichen Wirkens Jesu auf. Das ist jedoch nicht nur die einzige Stelle, an der von ihr die Rede ist. Darüber hinaus wird überliefert, dass sie von Jesus nicht angenommen, »integriert«, sondern verworfen und verjagt wurde. Es heißt nämlich: »Weiche von mir, hebe dich hinweg, weg mit dir, Satan.« Das ist eine Formulierung, die unabhängig davon, was wirklich geschehen sein mag, im Christentum immer den Kampf, die Unterdrückung, die Abspaltung und die Verdrängung ausgelöst und gerechtfertigt hat.

Diese Versuchungsgeschichte hat also einen ganz anderen Zungenschlag als die vergleichbare Geschichte bei Abraham.

Dies alles lässt vermuten, dass im Christentum bislang die Menschwerdung der dunklen Seite Gottes in Jesus nicht vorstellbar und annehmbar gewesen ist. Das christliche Bewusstsein hat diese Notwendigkeit bisher weder gesehen noch zugelassen. Der einzige Ansatz dafür ist darin zu sehen, dass - allerdings unbewusst - Christus faktisch mit dem römischen Sonnengott Sol invictus gleichgesetzt wurde. Jedenfalls bleibt in den Evangelien die dunkle Seite Gottes ausgespart.

Erst die Offenbarung weiß davon. Die Berichte der Evangelien über Satan, nach der hebräischen Bibel zwar einer der Söhne Gottes, bei den Christen aber ein Gegengott, und über Judas, eine Art Gegenspieler Jesu auf der menschlichen Ebene, sind zu sehr skizzenhaft, blass und ohne archetypische Kraft, um diese Rolle wirklich auszufüllen.

Die Folge dieses Fehlens oder dieser Unbewusstheit, das göttliche Dunkel betreffend, ist, dass diese Inkarnation noch stattfinden muss, wenn wir nicht länger dem Dunklen hilflos, weil unbewusst, ausgeliefert bleiben wollen.

In der Offenbarung[49] taucht zwar das Bild vom Tier auf. Es heißt dort beispielsweise:

»Und ich sah ein Tier aus dem Meer kommen ...«

Das bedeutet, dass die dunkle Wirklichkeit des »Tiers« aus dem Meer des Unbewussten aufsteigt, uns also bewusst wird. Dass es ein »Teil« Gottes ist,

---

[49] Kapitel 13 und 14

Die Geburt

wird aber verschwiegen und wohl auch nicht vermittelt (ich jedenfalls habe es nie so gehört). Ähnliches gilt für den anderen Vers:

»So jemand das Tier anbetet und sein Bild,... der soll von dem Wein des Zornes Gottes trinken.« Auch hier wird zwar richtigerweise festgestellt, dass das »Tier« nicht angebetet, also nicht fraglos verehrt werden soll. Der Text verschweigt aber und leistet damit dem christlichen Dualismus Vorschub, dass es nicht durch Kampf aus der Welt geschafft werden kann.

Bildlich gesprochen müssen wir uns dem inneren Dunkel, dem inneren Drachen, auch dem Tier der Offenbarung stellen, aber nicht, um zu versuchen, es niederzukämpfen und zu vernichten, sondern um es zu »integrieren«, zu lieben und so den Weg zu seiner Erlösung, zu seiner Befreiung zu öffnen. Die Märchen erzählen, bei den Drachen wachse für jeden abgehauenen Kopf einer oder gar mehrere nach. Also wussten die Alten schon, dass er so nicht zu überwinden ist. Und doch halten wir bis heute an dieser Vorstellung fest. Auch die biblischen Bilder vom Drachen[50] pflegen für unser Verständnis diese Denkweise.

William Butler Yeats scheint die dualistische Verirrung des christlich geprägten weißen Mannes und die sich daraus ergebende Herausforderung auf geradezu visionäre Weise empfunden zu haben, als er schrieb:

---

50 zum Beispiel Offenbarung 12 ff.

*Irgendwo im Wüstensand
Schiebt eine Gestalt mit Löwenleib und
Menschenkopf,
Ihr Blick so blank und unbarmherzig wie die Sonne,
Die trägen Schenkel vor, während ringsum
Die Schatten aufgebrachter Wüstenvögel wirbeln.
Das Dunkel senkt sieb wieder, doch jetzt weiß ich,
Dass eine Wiege wippend zwei Jahrtausende
Steinernen Schlafs in dehn Alptraum quälte;
Und welche rohe Bestie, deren Stunde endlich
schlägt,
schlurft nach Bethlehem, sich gebären lassen?*[51]

Wer würde bestreiten, dass das Dunkle für uns eine rohe Bestie ist und dass wir ihr verfallen sind, dass es deshalb eines neuen oder doch eines neu verstandenen Weihnachtens bedarf? Voraussetzung dafür scheint zu sein, dass diese Bestie als die dunkle Seite Gottes in unser Bewusstsein geboren wird. Dann können wir beginnen, unseren Weg zu gehen, der dem Weg Abrahams und dem Weg Jesu vergleichbar ist.

Um das einzusehen, sollten wir lernen, im Vaterunser zwei wesentliche Veränderungen vorzunehmen. Vielleicht werden wir dann offen für das, um was es heute geht:

*Führe uns in der Versuchung
und befreie auch alles Dunkle.*

---

51 zitiert nach Campbell, Lebendiger Mythos, München 1987

Die Vereinigung der Gegensätze

Als ich Vorjahren wegen einer Herzerkrankung ins Krankenhaus musste, tauchte ein Bild vor meinem inneren Auge auf, das mich an eine Vision erinnerte, wie sie bei Hesekiel/Ezechiel im 37. Kapitel beschrieben wird:

Eine graue, von dünnem Nebel bedeckte leere Ebene in düsterem Zwielicht, nur erhellt von einem Lichtstreifen am Horizont, von dem ich zunächst nicht wußte, ob dies die Abend- oder die Morgendämmerung war. Mein Blick schien in nordwestliche Richtung zu gehen, und mir war, als hätte ich eine Sommernacht vor mir, eine Zeit also, in der Abend- und Morgendämmerung ineinander übergehen. Wesentlich aber war eine graue, düstere Stimmung, die mich monatelang nicht losließ.

Später las ich die Geschichte nach, und die Unterschiede zwischen beiden Bildern wurden mir deutlich. Bei Hesekiel/Ezechiel fragte Gott den Propheten angesichts der mit Totengebein bedeckten Ebene:

»Menschensohn, werden diese Gebeine leben?« ...
»Ich sprach: mein Herr,
DU, du selber weißt.
Und er sprach zu mir:
Künde über diese Gebeine,
sprich zu ihnen:
ihr verdorrten Gebeine,
höret SEINE Rede!
So bat mein Herr, ER, gesprochen zu diesen
Gebeinen:
Da, Geistbraus lasse ich kommen in euch, und ihr
lebt.« ...
Und so geschah es.

In meinem Bild war keine Stimme zu hören. Da war nur die tote, graue, düstere Ebene.

Das Bild zeigt eine aussichtslose Lage, eine Sackgasse, aus der kein Weg herausfuhrt, das Ende der Hoffnung auf geistigen Fortschritt, auf Heilsgeschichte schlechthin.

Dieses Bild scheint mir unsere Lage und auch konkret die Lage der gängigen Psychologie widerzuspiegeln angesichts der Tatsache, dass – wie Jung es beschreibt - das Böse in unserer Zeit bestimmende Wirklichkeit geworden ist[52]. Zwar geht sie richtigerweise den ersten und wohl entscheidenden Schritt, nämlich der Bejahung der Wirklichkeit. Aber dann weiß sie nicht weiter. So schreibt Dietmar Pieper, bezogen auf die Gewalt als Ausdruck des Bösen[53]:

»Was wir brauchen, ist nicht die Illusion der Gewaltlosigkeit, sondern eine Erziehung zur Gewalt,

---

[52] siehe Seite 22
[53] Spiegel-Essay 7/94

die das Böse nicht leugnet, sondern den Umgang mit ihm übt.«

Er beendet seine Gedankenreihe wie folgt: »Sich von den Selbsttäuschungen zu verabschieden, ist besonders schmerzlich, wenn keine neue Illusion an ihre Stelle tritt. Zivilcourage und das Prinzip Verantwortung, die mit vielen guten Gründen angemahnt werden, taugen leider nicht zum Surrogat. Deshalb erleben wir derzeit gesellschaftlich weniger einen Zuwachs von Gewalt als einen ersatzlosen Abbau von Illusionen christlich-abendländisch-kommunistischer Art. Gewalt, immer geübt und immer abgelehnt, wird besonders schonungslos wahrgenommen. Bis eine neue Illusion unsere Bewusstseinsspaltung wieder gnädig zudeckt.«

Ehrlich, schonungslos, aber letztlich hoffnungslos - nur so ist das zu kommentieren.

Auch wenn es schwer, fast unmöglich zu sein scheint: Der richtige Ausgangspunkt ist ganz offensichtlich zunächst die Bereitschaft und dann die Fähigkeit, das Böse, die Gewalt oder, in der jüdischen Überlieferung religiös ausgedrückt, die dunkle Seite des einen Gottes wahrzunehmen. Für den von christlicher Religion Geprägten sträubt sich alles dagegen. Vielleicht hilft uns ein Traumbild weiter, von dem Veronica Gradl berichtet[54]:

»Die Frau geht am Rand einer Landstraße durch frühlingshaftes Land. Weiter vorn ist ein Dorf. Auf der anderen Straßenseite kommt ihr von dort einer

---

54 Veronika Gradl, Die Ruhe des siebten Tages und die Ohnmacht der Kraft, Innsbruck 1988 (?)

entgegen. Auf gleicher Höhe angekommen, wendet er sich ihr voll zu und sieht sie an. Sein stilles, abgekämpftes Gesicht ist gezeichnete das ist ein Unbehauster, ein Lebendiger, ein Ungeschützter, in seiner Verletzlichkeit stark; ein Landstreicher, ein Weltveränderer, ein Kämpfer und Liebender - Christus und Satan in einer Person - ›der Messias‹.

Aus seinen hellen Augen trifft sie sein Blick in ungeheurem Erkennen.

Sie weiß mit Bangen, dass die Entscheidung alleine bei ihr liegt: wird sie in jähem Erschrecken sich verschließen vor diesem unbekannten Fremden? Wird sie flüchtig grüßen und vorübergehen?

Oder wird sie seinen Blick beantworten? Wird sie sich ihm zuwenden, so wie er ihr?

Was wird er zu ihr sage?«

Vor der Herausforderung, auf diese Fragen zu antworten, richtig zu antworten, steht der Mut, in der Traumgestalt »Christus und Satan in einer Person - den Messias« zu erkennen. Für einen ordentlichen Christen ist das gotteslästerlich. Wir werden aber nicht darum herumkommen.

Diese schmerzliche Erkenntnis geht einen wesentlichen Schritt weiter als die nachstehende Geschichte von Erwin Reisner[55]:

»Es ist die Zeit der Sonnenfinsternis, die dem Erdbeben vorangeht. Durch die Nacht strahlt wie Phosphor der bleiche Leib, aber er strahlt, ohne zu erleuchten. Auch die Sterne haben ihr Licht verloren; denn alles Helle hat ER in sich genommen.

---

55 zitiert nach Samuel Widmer, Ins Herz der Dinge lauschen, Solothurn 1989

Die Vereinigung der Gegensätze

Einsamkeit umgibt das Kreuz, und die Erde ist wie ausgestorben. Da ruft zwischen Todesröcheln der Heiland über die Öde hinweg: ›Gott, mein Gott! Warum hast du mich verlassen!‹ Sein Ruf findet keinen Widerhall. Die Natur erkennt die Stimme nicht mehr, wie sie das Licht nicht mehr kennt. Aber aus der Dunkelheit ballt sich der Gegengott. Auf schwarzen Wolken thronend, schwebt er heran vor das Kreuz. Es ist Shiva, der Zerstörer, es ist Priapos mit dem obszönen Symbol, mit der höhnenden Fratze dessen, was man liebe nennt. Und der Götze spricht: ›Wen rufst du? Nur wir sind noch da; nur du bist und ich, dein ewiger Gegensatz, sonst nichts mehr. Du rufst nach dem Gott, den du auf dich gezogen hast. In deinem Streben nach eigener Göttlichkeit hast du die Welt entgottet. Wo ist noch ein Gott außer dir?

Deinen Hass wolltest du ausrotten, aber indem du dein Schwert gegen ihn erhobst, verfielst du ihm. Nun hat sich dein Geschöpf gegen dich gewandt und dich ans Kreuz genagelt. Sieh, ich bin dein Geschöpf, die Ausgeburt deines eigenen Hasses. Vernichten wolltest du mich, aber du hast mich gemästet.

Als ich dir damals die Schätze der Welt versprach, wenn du vor mir niederfielest, da verschmähtest du sie, da hasstest du schon die Werke dessen, den du jetzt rufst; denn du wolltest ihm gleichen; da entgegnetest du verächtlich: Es steht geschrieben: Du sollst den Herrn, deinen Gott anbeten und nur ihm allein untertan sein.

Wo ist jetzt dein Herr, wenn nicht ich; denn nichts mehr ist außer uns beiden. Auch ich muss vergehn im Augenblick, da du stirbst. Aber war das dein ganzes stolzes Lebenswerk? Du lehrtest doch: Liebet eure Feinde! Jetzt liebe mich, deinen ärgsten und letzten Feind. Nur weil deine Liebe nicht vollkommen war, hast du mich geschaffen, wie du mich in meiner grässlichen Verzerrung vor dir siehst. Damals in der Wüste war ich schön. Noch einmal befehle ich dir nun, mich anzubeten. Liebe mich! Erkenne, dass ich dein Gott, dein Vater bin.‹

Da erhebt Jesus langsam das Haupt, und seine Augen heften sich an das furchtbare Antlitz des Feindes. Dann von grenzenloser Liebe verklärt, spricht er zu ihm: ›Vater, in deine Hände befehle ich meinen Geist!‹

Und das Licht, das dem heiligen Leib entströmt, beginnt wieder die Erde zu erhellen. Die Sonne tritt hervor, und die schwarzen Wolken, der Thron des Gegengottes, zerfließen in nichts.«

In der Geschichte von Reisner ist der Teufel der Gegengott, der dem dualistischen christlichen Bild »hie gut, dort böse« entspricht. Im ersten Bild ist der Messias beides, Satan und Christus zugleich. Das ist der wahre Mensch. Das bin ich.

Die Versuchung der dualistischen Spaltung ist bei der Betrachtungsweise von Reisner sehr groß. Sie wird allerdings durch die beschriebene liebevolle Zuwendung überwunden.

Vielleicht ist es notwendig, sich das Dunkle wirklich als Gegenüber vorzustellen, um sich damit »auseinandersetzen« zu können. Vielleicht setzt die Wahrnehmung die Auseinandersetzung im wirklichen Wortsinn voraus. Aber schließlich müssen wir einsehen, dass es sich bei dem Dunklen tatsächlich um etwas Eigenes und nicht um etwas Fremdes handelt, um etwas Göttliches und nicht um etwas Satanisches, das von einem Gegengott stammt.

Es mag also zunächst hilfreich sein, die dunkle Seite Gottes als ein Gegenüber zu sehen, um sie überhaupt wahrnehmen zu können, in der Art, wie Samuel Widmer es in dem genannten Buch beschreibt:

»Ähnliches (wie im Umgang mit der Gestalt des Judas - Anm. d. Verf.) erlebte ich bei der Auseinandersetzung mit dem Bösen schlechthin, dem Teufel. Mein damaliger Therapeut musste auch für eine Gottesübertragung herhalten, damit ich den Teufel als den anderen Teil der Einheit Gottes wieder liebevoll in mir integrieren konnte.«

Im Zusammenhang mit seiner Berichterstattung schreibt er entscheidende Sätze für unsere weitere Entwicklung im Umgang mit dem Dunklen:

»... dass es sich bei deinen Gefühlen den anderen gegenüber immer, und ich meine damit wirklich immer, um Übertragungen, Projektionen aus der Vergangenheit und aus dem Teil deines Wesens, den du noch nicht integriert hast, handelt. Nach und nach wirst du erkennen, dass die einzige Art und Weise, den anderen zu begegnen, die dich und die anderen konfliktlos leben lass, darin besteht, direkt aus deinem Kern, deinem Herzen kommen muss. Das heißt im Grunde genommen, ohne Erwartungen, ohne Gefühlshaltung, ohne Rolle immer wieder neu und unmittelbar zu begegnen.«

Aber das ist ein weiter Weg. Sicher ist jedoch: »Erst die Aussöhnung mit diesen Gefühlen öffnet die Pforte für die Liebe.«[56]

Das Entscheidende scheint darin zu liegen, dass wir zuallererst dem Dunklen Raum geben in uns. Es ist ohnehin da, aber es ist notwendig, es bewusst als Teil unseres Selbst zu bejahen. So weit geht auch die Psychologie. Aber nun beginnt das Geheimnisvolle. Veronica Gradl schreibt dazu[57]:

»Was der Intellekt und alle erhabensten Gedanken nicht vermögen, das kann der ohnmächtige, verletzliche heimlichste Wunsch des Ich:

Der Wunsch, liebe zu geben und Beziehung aufrechtzuerhalten, nickt jegliche Triebregung so ins Zentrum der ganzen Person, dass eine konzentrische Zusammenordnung von Leib, Seele und Intellekt möglich wird.

Unter der Herrschaft dieses Wunsches (der so hinfällig scheint, so unerreichbar, so unrealistisch und naiv) kann ein Mensch beginnen, beharrlich und geduldig die Frage zu stellen:

Wie passt mein Verlangen zu dem, was ich denke? Wie passt meine Vorstellung von dem, wie ich Mensch sein möchte, zu den Kräften, die ich in mir spüre? Wie passt mein Bedürfnis zu den Wünschen des anderen Menschen? Wie passt dies alles in den feinen und strengen Raster der Liebe (die nicht ver-

---

56 ebenda
57 in dem zitierten Buch

wirft, nicht verurteilt, nicht tötet, nicht spaltet, nicht Gewalt anwendet und nicht hasst)?

Indem er so fragt und nicht ablässt, wird er die erstaunliche Erfahrung machen, dass er sich verwandelt, auf eine gänzlich unvorhersehbare Weise, ... dann wird, in einem langsamen und mühsamen Wachstumsprozess, unter Schmerzen und Anstrengung, sein Wesen umgeschaffen ...«

Das ist die Inkarnation der latenten Möglichkeiten, der unendlichen Liebe des transzendenten Gottes.

Wir erfahren einerseits die göttliche Urkraft als das Dunkle in uns, als das Einwohnende, als das Hervorgebrachte, wie Franz Werfel es nennt. Aber das ist nicht alles. Auch der transzendente Gott der unendlichen Liebe, das Hervorbringende, um bei Franz Werfel zu bleiben, will in uns geboren weiden, Gestalt gewinnen, aber eben nicht als etwas Hervorgebrachtes, fest Umrissenes, sondern als latente Möglichkeit, nicht als etwas Zwingendes, sondern als etwas Werdendes, Verletzliches, Unbehaustes, als das »Kind in uns«: Das Kind in uns, empfindlich und empfindsam, wärme- und liebebedürftig. Das ist es wohl, was Angelus Silesius erahnt hat, als er schrieb: »Wär' Christus tausendmal in Bethlehem geboren und nicht in dir...« Denn in unserem Bild von dem Kind von Bethlehem, das »elend, nackt und bloß in einer Krippe liegt«, wie es in einem Weihnachtslied heißt, wird die skizzierte archetypische Grundwahrheit für das Christentum Wirklichkeit. Die Weihnachtsfeiern bezeugen es, auch wenn sie meist nicht mehr als eine dumpfe Ahnung spiegeln und wir diese Wirklichkeit in ihrer umfassenden Bedeutung erst langsam zu begreifen beginnen.

Zwar weiß auch die moderne Psychologie vom »Kind in uns«, aber sie weiß leider nicht, dass dies auch die latente Möglichkeit des transzendenten Gottes ist, der in uns Raum gewinnen will, dem wir »eine Stätte bereiten« sollen. Wir sollten lernen, die Polarität beider Seiten in uns wahrzunehmen, das Hervorgebrachte, das Seiende, das sich zumeist als das Dunkle manifestiert, und das Hervorbringende, das Werdende, aber auch die Sehnsucht, die Spannung der Liebe zwischen beiden Polen, die auf ihre Vereinigung drängt. Wenn wir dann beginnen, durch die Art des Umgangs mit uns selbst und mit den anderen beidem eine Stätte in uns zu bereiten, dann kann als eine latente Möglichkeit das göttliche Dunkel in uns durch die göttliche Liebe in uns das göttliche Licht in uns gebären, dann beginnt der heilsame Weg, dann ist Weihnachten.

Bibliografische Notiz

Bücher von Wilhelm Haller

Die heilsame Alternative.
Jesuanische Ethik in Wirtschaft und Politik.
Ohne Macht und Mandat.
Der messianische Weg in Wirtschaft und Sozialem.

In dem Buch »Die heilsame Alternative« plädiert der Autor für ein Bündnis von Kirchen und den Bürgerbewegungen auf dem Weg zu einer humanen Wirtschaft. Seine Interpretation der Heilslehre Jesu belegt die unverzichtbare Verantwortung des Gottesvolkes für eine gerechtere Gesellschaft. Das erschreckende Defizit an Wissen um die banalsten Dinge der Volkswirtschaft, das bei der Diskussion um die Themen des konziliaren Prozesses immer wieder deutlich wird, veranlagte den Autor, eine gründliche und kritische Einführung in die Wirtschaftsstruktur unserer Konsumgesellschaft zu geben.

In dem Buch »Ohne Macht und Mandat« weist der Autor nach, dass auch in der Christenheit immer noch der Irrtum lebt, wonach »die da oben« schon richtig handeln würden, wenn von unten genügend Druck gemacht werde. Der »Jesuanische Weg« ist für ihn zwar der Weg der prophetischen Klage und Kritik, erfordere aber vor allem die eigene verantwortliche Tat.

www.ingramcontent.com/pod-product-compliance
Lightning Source LLC
LaVergne TN
LVHW032202070526
838202LV00008B/286